南回りのシルクロード

―世界を巡り、見て、考えた―

張允植　著

南回りのシルクロード —世界を巡り、見て、考えた—／目次

東南アジア編

出港

二〇一二年十二月十四日(金)

前日から横浜桜木町ワシントンホテルに泊まる。家族と高校時代の同窓生の申君も見送りに来てくれて、みんなで横浜ランドマークタワー内の中華料理店にて食事をする。それにしてもこのビルは実に大きい。

桜木町は学生時代以来だから、半世紀前に来たことがある。その時は造船所を中心にした街で、工場地帯の薄暗く褐色のイメージがあったが、今回来てみて、横浜らしい港町として再開発され、いまや、さわやかな青々と明るく広々とした海が一望できる港湾都市に変貌していた。湾をまたぐ長い立派な横浜ベイブリッジが眼前に迫り、地下鉄みなとみらい線も走る。埠頭に停泊している大きな船舶が幾艘も見える。

大勢の見送る人びとの七色の紙テープの吹雪の中を14:00。オーシャンドリーム号は出港する。

台湾　基隆《キールン》

十二月十八日(火)

07:00入港、22:00出港。

横浜を出港して、最初の寄港地である基隆に入港した。北上する黒潮に逆らう航海は、船を木の葉のように縦

8　東南アジア編

横に揺らすものだった。やっと基隆の九份《ジォウフェン》港に辿り着いた時は「ほっ」とした。この地は19世紀末金脈が掘り当てられてから「アジアの金の都」とも呼ばれるようになった。日本植民地時代のなごりの遊郭の跡を散策する。海も荒れていたが、ここも長雨で階段の上り下りが大変であった。

九份の頂上にのぼると、海の景色が綺麗に展望できる湾岸の高台があるというので降りてみると、そこで見物している韓国から来た3～4人の大学生たちに出逢う。

景色見物もそこそこに、学生たちに話かける。話の終わりに関心事である韓国の選挙について聞いてみたが、「よくわからない」と返され残念な気持ちで切り上げた。しかたなく、近くにいた当地のバスガイドと話をする。バスガイドは華僑二世であると語った。どうも顔つきがコリアンに似ていると私が言うと、それを認める。故郷は舟山群島かと聞くと、そうだという。

観光客を待つ合間に商店の軒先のテントの下で雨宿りしながら話を交わしたが他の話は時間切れになってしまった。

9 台湾　基隆

2012 年 12 月 18 日　台湾　九分
昔の遊郭の雰囲気が色濃く残っている。
長雨の中、傘をさして遊郭の中心を貫く長い階段を登ると寺があった。

同床異夢

この船オーシャンドリーム号排水量35、265t、全長205m、喫水7・5m。

前回7年前ピースボート49回の北半球回り地球一周の船旅は（31500t、パナマ船籍）トパーズ号であった。この時神戸港から出港した船には唯一の3人部屋があったのでツアー申込みのときに予約しておいた。この船室には砂漠の旅仲間の原田甚逸氏、西川考臣氏と私の三人が一緒にすごしたが、今回は原田氏が参加できなかったので、西川氏とわたしはそれぞれ個室にした。船尾から2番目が私の部屋で西川氏は3番目部屋であった。ここから中央口まではかなりの距離があった。

荷物の整理を終えるころ夕食の時間となった。今回は乗客が大勢で一千名ほどであった。これをピンク組とグリーン組に色分して、各行事を最初から最後まで組分けで行動する。食事前後2時間交代で摂る。

初日の夕食時に西川氏とわたしは4階の食堂の入り口で思わず立ち止る。ぎっしりとすし詰め状態で人々が食事をしているがあまりにも静か過ぎる。自分たちのことを棚上げして言うのもなんだが、よく見ると高齢者が多いようで驚く。まるで養老院にきたような錯覚を覚える雰囲気であった。今回は団塊世代の夫婦連れが多いと聞く。前回7年前、夫婦連れはごくわずかであった。中年層が多かったことで、賑やかな雰囲気があった。その点が大いに違うような気がした。

夜、船長主催の招待宴があって、ダンスパーティーがあり、用意してきたダンス服に着替えて会場に行くが、あまりにも多くの人々が会場を埋めている。とくに女性が圧倒的に多く、老女たちも多い。見たところほとんどがビギナーで混雑している。横に立っていたある東京住まいという老女がいきなり私の手を握って踊りましょうとわたしの手を引っ張って行こうとするので驚いた。本来ダンスは男性が女性を丁重にお誘いするのが常識であるあるはずだが。しかもその場でダンスを教えてくれ、という。私はあきれてヤル気が失せて逃げるように部屋に戻った。ダンスまでボランティアをする気になれなかった。ダンスを楽しむつもりで準備してきたので意気消沈して、帰国するまでダンスは踊らなかった。

前回のトパーズ号ではダンス専用ホールがあり、ギリシャ人たちの専属フルバンドで艶やかな雰囲気であった。女性たちも、ダンスを心得た者が多くいたことを思い出す。その時は、ビギナーたちは別室となり、ステップに差が無いようにされていたものだ。運用の主たるスタッフがギリシャ人で、ダンスに対する考えも違っていたのだろう。そのときのことを思えば、あまりのその落差に驚いた。7年という時の流れの落差かと思ったが、そうでなくダンスひとつにしても、運営者の観点がまるで違うように思えた。バンドそのものも違う。前回、バンドマスターもギリシャ人、今回は全員がインドネシア人であった。音楽の曲のムードの違いもある。いわゆる欧米のダンスミュージックでなく楽器も違う。インドネシア調のムード音楽である。それをダンスミュージックといえば違和感があった。

カラオケについては、事前の説明会で質問をした。船に機械が2台もある、と自慢げに言っていたので安心していた。ところが、実際にカラオケ会が行われると、若い担当者が不慣れなのか、キー調整も出来ない有様だった。それに若者と年寄りが入り混じって歌の選曲も千差万別。互いにムードが合わない。少なくとも世代を分けて欲しかったと思う。私も一曲申請したが30番目だという。歌うまでには日が暮れそうなので結局のところ歌わずに終わった。あとで聞いた話だがカラオケ会は解散したという。カラオケ機2台が宝の持ちくされとなった。

　前回は歌好きな乗船客が持ち込んだ小型テレビと選曲の限られた自前のCDでも楽しく過ごせた。帰国後も何年間、カラオケ会の集いを東西で催した。今回はこのような手作りの遊びがなかった。前回のクルージングの経験から、長期間船で楽しく過すには余暇に歌とダンスが良いと思い、1年間、歌はボイストレーニングに通い、ダンスも同じくおさらいして臨んだが、歌一曲、ダンス一舞いもできずに帰国する。極めて残念であった。

　このたびのクルージングで良かったことが一つある。前回トパーズ号になかったサウナがあったからである。このサウナでわたしは救われた。船にいる間は毎日通う。午前中は持参した本を読み、昼食後一休みして、ジムに行きマシンが空いているときは運動をして午後二時からオープンするサウナに入る。日本を出港して10日ほどは、誰ひとりサウナに入ってこない。いつも貸しきり状態であった。これは不思議であった。サウナの1回が700円、回数券ならば一回あたり500円である。

　高いクルージング代を払える層の人々が惜しむほどの金額でもないと思うと、なおさら不思議であった。最初にあらわれたのはのちにマダガスカル会の幹事役となる小沢文穂氏であった。同じ部屋の仲間と一緒に来る。その後1人2人と増えて賑やかになってきた。船にはサークルや催しがいろいろあったがどこも一杯だ。ジムもいつのまにか若い女の子たちに占領されて唯一サウナだけがわたしの聖域となった。

　今回のクルージングでわたしが参加したオプショナルツアーはその半分に当る50日間であった。少し欲張った感はいなめない。その他の停泊しない日はサウナに通った。そしてサウナ仲間がふえた。

マレーシア　コタキナバル

十二月二十二日（土）

08：00入港、22：00出港。

マレーシア、サバ州の州都。旧名ジェッセルトン。北ボルネオ西海岸、南シナ海に臨む港市で、海陸交通の要所。ゴム、木材、漁具を輸出。ボルネオ観光の拠点で、空路の要地でもある。この時期は東南アジアでは雨季であった。ボルネオも長雨で残念であった。ボルネオは東南アジア南部、マレー諸島中で、最大の島。島としては世界第3位の大きさ。北部のサバ、サラワクはマレーシア領。同じ北部ブルネイは独立国であるが、それを除く全島の73％がインドネシア領で、カリマンタンと呼ばれる。領土全体山が多く、最高地点はキナバル山(4095ｍ)。カプアス川、バリト川などの大河が流れ、南部に低地が広がる。熱帯雨林気候でほとんど全島が密林や湿原におおわれ、オランウータン、ボルネオヤマネコ、インドゾウなど動植物が豊富。大河の下流や海岸地方では水田耕作がおこなわれ、ほかに焼畑農耕もおこなわれる。金・銀・ボーキサイト・石油など資源に富む。米・ゴム・ヤシ・タバコなどを産出する。住民は、海岸にはマレー人・中国人、内陸部にはダヤク人など。

エピソードを一つ。言語のことだが、現地のガイドは華僑の若い女性であった。バスでの彼女の話のなかでこの人々が緊急時の「助けて！」を、「アビ！」との叫ぶそうだ。ちなみにハングルで『アビ』は父のことである。この地には、他にも地名やその他の言葉にもハングルと似た言葉が残っている。

コラム　タムモラは現在の台湾

古代台湾と百済の関係について中国・隋の歴史書である『隋書』百済伝が伝える百濟の附庸国（属国）タムモラは、これまでいわれていた耽羅、탐라《タムラ》、済州島ではなく現在の台湾であると10数年前韓国の円光大学の蘇鎮轍教授が提起している。これは『隋書』に記録されているタムラモが、百済から三カ月の航海という距離、南北1000里、東西数百里という領土の規模、そして鹿が多く生息する記録どおりに、現在も（台湾）鹿港という地名が存在することが立証されている。蘇教授の見解に全面的に同意する韓国の作家の徐鉉佑氏によれば、何よりも台湾という地名のハングルの発音―「대만《テマン》」がタムラと同様にタムル、タムロに由来するものという確信を裏付けるものとして、台湾に現存する淡水《タムス》という地名とそこにある淡江《タムガン》大学をあげることができるという。これは台湾の歴史、また我が国の古代史と関連して非常に重要な意味を持っている。台北国際空港の正式名称が数年前まで「チャンカイセク（蒋介石）国際空港」であった（現在は台北桃園国際空港と改称）。

「チャンカイセク」は「蒋介石」（ハングルでは台湾式発音である）。台湾は中国本土と同じく北京語を公用語としているが、「蒋介石」を北京語の発音である「チャンジェス」でなく、台湾語の「チャンカイセク」と発音し国際空港の正式名称としていた理由は何であったか?その背景には台湾の歴史がある。台湾が中国の領土に編入されたのは300年前の17世紀末のことであり、中国の歴史では近代に至ってからのことである。それも中国最後の王朝である満州族王朝（清朝）によってである。

台湾が歴史の記録に本格的に登場したのはポルトガル人によって「発見」されて以来ファーモサ（Ｆｏｒｍｏｓａ）という名称でオランダ、スペインの統治を経てのことである。

それ以前の台湾の歴史に関しては記録に残っているものがなく、よく知られていない。

今日、台湾に住む人々（台湾人）は少数の原住民をのぞいてほとんどが一八世紀以後に中国本土の福建省から移住してきた福建人たちだ。ここから台湾、淡水、淡江と関連して二つの点に注目する必要がある。

第一に、これらの地名が福建人によるもの、中国本土に由来するものではないとい点だ。その理由はタムル、タムロを起源とすると推察できる地名が福建省には地名が存在しておらず、福建人が台湾に移住しはじめたのは１８世紀以後という。

つまり１８世紀以後に生まれた地名ではなく、すでにそれ以前から存在した地名であるということだ。第二には、「蒋介石」を台湾語の「チャンカイセク」と発音するように淡江大学も北京語の「タンチアン」でなく「タムガン」と福建語で発音していることだ。これらの福建語の発音は北京語にくらべてハングルの発音に近い。「閩語《ビンミンゴ》」と呼ばれる福建語は閩東語、閩南語、閩北語などに分かれるが、ハングルに近い言語として知られている。まず中国の他の言語と異なり、入声である「p」「t」「k」などのバッチム（ハングルで終声になる子音）の発音が残っているという点だ。

また『中国に進出した百済人の海上活動1500年』（マルグンソリ刊、1996年）の筆者である金聖昊博士の現地調査によれば、閩語系の言語は、ハングルのS・O・V（主語・目的語・動詞）語順でも意思の疎通が十分であるという。これは福建省をはじめとする中国南東海岸地域の歴史と関連がある。

コラム　台湾・シンガポールとFTA提携

アジア四小龍（台湾・韓国・香港・シンガポール）の一角をなす台湾は、四匹の小龍のうち最初に工業的躍進を成し遂げた地域だ。しかし1949年に蒋介石と100万人以上の外省人が台湾に撤退してきた時点では、経済の見通しは明るいものではなかった。

この40年間の最後においても、台湾の政治体制は完全に転換しきれておらず、安定もしていない。工業化過程を導き、それに適応してきた強い政治制度は、民主化への大きな進歩にもかかわらず、現在も存在している。しかし、高度に集権化政治制度は、国家に多くの分野において強い指導権を発揮させうる。例えば、1980年代末において台湾は全世界のなかで公害の最も深刻な地域であったが、1990年代末より以前に、台湾は公害防止においては世界でも最も先進的な国の一つになる。

工業発展を指導する権威主義的指導者および経験豊富なスーパー・テクノクラートは、1980年代末までに民主的政治家と専門的テクノクラートに次第に席を譲っていった。当初の指導者たちがその出発を促した過去の工業的転換は、高い教育水準の人口、富の公平な配分、強い政府の指導力の遺産を台湾にのこした。この遺産は、台湾が工業社会へ転換したあともなお継承されている。

2013年11月7日台湾とシンガポールは、実質的な貿易協定（FTA）となる「経済連携協定」を締結した。台湾が東南アジア諸国連合（ASEAN）加盟国とFTAを結ぶのは初めて。馬英九政権は出遅れ気味のFTAを締結で巻き返しを図り、環太平洋経済連携協定（TPP）などへの参加にもつなげたいと考えている。

双方の代表が7日、シンガポールで「台湾・シンガポール経済パートナーシップ協定（ASTEP）に調印した。双方の議会の承認を経て発効する。

台湾はシンガポールに対し、米など一部の農業生産品を除いて全体の99.48％の品目の関税撤廃を確約。シンガポール側は100％を撤廃する。台湾は協定発効時にまず約83％の品目の関税を即時撤廃し、その後15年間かけて目的に近づける。

台湾にとってシンガポールは世界で5番目の貿易相手国、輸出では4番目の相手国だ。主に半導体などIT（情報技術関連部品）や石油製品を輸出している。台湾積湾体電路製造（TSMC）など半導体メーカーの拠点も多く、結びつきは深い。

台湾の張家祝・経済部長（経済産業相）は七日の台北市内の記者会見で、「（今後15年間で）7億8200万ドル（約770億円）の輸出拡大効果が見込める」と強調した。

台湾と東南アジア主要6カ国との貿易額は2012年で前年比4％増の870億ドル。

台湾がいま結んでいるFTAは中南米を含めて8つ。アジア太平洋のFTA競走では、IT関連輸出で競合する韓国などに比べ大きく出遅れている。

ニュージーランドとシンガポールは共にTPPの参加国であり、「FTA提携結は将来の台湾のTPP加入に有利に働く」（台湾の林永楽外交部長＝外相）との思惑もある。一方、中国との経済融和には停滞感も出ている。6月に結んだサービス貿易の自由化協定が、野党や関連業界の反発を受けて発効の見通がたっていないためだ。

台湾の12年の最大の貿易相手は中国。2位は日本で、次いで欧州と米国が拮抗する。

19 マレーシア　コタキナバル

2012 年 12 月 25 日
シンガポール

シンガポールを象徴するマーライオン、この周辺は人波が絶えず。またライオンの口から滝水が途絶えることもない。

12 月 22 日　マレーシアはキナバル公園

日程	行程／宿泊地
12月25日	午前 シンガポールにて本船を下船。
	シンガポール観光
	午後 空路ジョグジャカルタ［インドネシア］へ
	泊 ジョグジャカルタ市内ホテル
12月26日	終日 世界遺産のボロブドゥール遺跡とプランバナン寺院観光
	泊 ジョグジャカルタ市内ホテル
12月27日	午前 ジョグジャカルタ市内車窓観光
	空路ジャカルタへ
	午後 ジャカルタ市内車窓観光
	ジャカルタにて本船へ合流

シンガポール

十二月二十五日（火）

午前、シンガポールにて本船下船。午後、インドネシアのジョグジャカルタへ。ジョグジャカルタ市内ホテルで泊。

この華僑の国には7年前にピースボートの北半球周遊クルージングで、寄ったことがある。旅の準備で買ったカジュアル時計を持参したが、カンボジアでその猛暑のため時計が止まって動かなくなってしまった。旅立ちのはじめの時なのでどうしても時計が必要であった。シンガポール港の立派なショッピングセンター内の時計店で、1万5000円のセイコー時計を買う。今回の旅にその時計の電池を新たにして持参した。前回の時に西川考臣氏とタクシーに乗って市内をひと回りした。中華街、インド人街、マレーシア人街を巡る。それぞれの市街に特徴がある。仏教寺院、ヒンズー教、イスラム教のそれぞれの寺院があり、それぞれの国の臭いを感じ、カラフルな個性的なショッピング街が展開している。まるで東南アジア文化の縮図のように見える。

シンガポールは、日本の淡路島を少し大きくしたくらいの面積だ。ここに540万人が生活をしている。資源は皆無でありながらも、アジアでも高所得国家となったのは、

「建国の父」であるリー・クアン・ユー初代首相の戦略によるものが大きい。
その躍動を、コンテナヤードに見ることができる。前回も今回も、このコンテナヤードをみると驚きを隠せない。マラッカ海峡という地政学的な要所を生かした流通拠点で、同国の国土規模からは想像できない世界最大のコンテナヤードであった。

ジョグジャカルタで盗難にあった。折り返し飛行機の延着だったため、予定されていた食事の時間が差し迫っていた。ホテルに到着すると早速レストランへ案内されたが、他のツアー客と一緒に荷物を置くように、とポーターに指示された。食事を終え、部屋に戻り、ポーターに預けた荷物を解くと、嫁からもらった古希の祝い物であるＳＯＮＹのカメラが盗まれていた。荷物を見張るのは現地人だけで日本人の案内係は誰もいない。係員に何度も捜査を頼むが「調べてみます」の繰り返しで終わってしまった。カメラにすでに収めた写真もあり、リックに鍵をしなかった油断もあったが旅のはじめの出来事であっけにとられた。

コラム『故郷万里』

韓国でヒットしたアメリカ帰りの歌手が唄ったボルネオをテーマにした歌を思い出したので歌詞を記しておく。懐かしい歌だ。

南側国　十字星は　母の顔
見慣れた　あなたの面影
夢の中で　見ると
花咲き　鳥鳴く
海辺の　彼方に
故郷山川　行く道が
故郷山川　行く道が
おのずと　見える

ボルネオ　深い夜に
泣く　あの鳥は

異郷の地に　ぽつねんと佇む
さびしい　ひとりぼっちのこの身を
思い　泣いているのか
知らず　泣いているのか

待ち焦がれし　胸に
待ちあぐむ　胸に
鼓動が　泣く

この歌を口ずさむが、残念ながら雨天の季節で、憧れていた南十字星※は雨雲にさえぎられ見ることができず残念であった。

※南十字星　南十字座の首星以下四星で、美しい十字をなす。白鳥座の北十字に対する名で、詩文に名高い。

コラム「黒歯」は「ボルネオ」かまたは「フィリピン」か

ボルネオのことを中国では〝黒歯〟と呼称していたと言う。百済義慈王時代の将軍、黒歯常之の姓である。百済は新たな領土を貴族に分け与えた。黒歯将軍はボルネオを一族の領土として与えられていたということである。

前々回に私が書いた『古代シルクロードと朝鮮』(雄山閣刊)に詳しく書いたので参照されたい。百済復興運動を率いた武将であり、後に唐の将軍として武功をたてた黒歯常之将軍の話であるが、さる1929年に中国で発見された彼の墓碑銘には次のように記されている。

「附君の名は常之であり字は恒元、百済の人である。その祖先は扶余氏から出たが、黒歯に封じられ、子孫はこれを氏とした」(『北京図書館中国歴代石刻拓本匯編』第十八本に黒歯常之墓石拓本の写真がほぼ完璧な状態で掲載されている)

ここで問題は黒歯地域とはどこかということだ。

現在、学界ではこの問題でさまざまな主張がされているが、なかでも注目されるのは中国の学者・梁嘉彬などが主張している「フィリピン説」だ。この「フィリピン説」は韓国の著名な百済史学者である李道学博士によっても検証され、最近ではフィリピンあるいはボルネオではないかという説が一般化されている。「黒歯」が現在のフィリピンあるいはボルネオであったことは充分考えられる。なぜならその地域に「〜ラ」という地名が多く存在しているからだ。

ボルネオ島西部の文化には卵生説話、石室墳墓など韓国の文化と類似した要素が多く、同地域で居住している人々の顔もわれわれと非常によく似ているのだ。また現在までその起源が不明な古墳群も存在している。

中世中国の航海書である『順風相送』には「吾嶼（福建省）から諸葛擔藍（ボルネオ島南部）までの航路に淡蘭州府がある」と記されているが、中国の学者である向達たちが淡勿蘭州府は西婆羅であるとしている。淡勿蘭州の淡勿は百済系の地名である。これは韓国の歴史との関連性を物語っている。西婆羅（西ボルネオ）があれば東婆羅もあるはずである。

コラム　マレーシアの工業化

マレーシアをはじめとする東南アジアでは、天然ゴムの生産が盛んである。熱帯雨林気候に適した植物で、以前から〝資源〟として、この地域の工業を支えてきた。原材料としての輸出であったが、徐々に天然ゴムを加工して輸出するようになってきた。主な輸出対象国で加工するよりも、はるかに人件費が抑えられる強みを活かして自国の雇用を創出する、いわば一石二鳥の考え方だ。最近では、より付加価値の高い製品を輸出するモデルに注目されている。

その代表格が、マレーシアを本拠地にするゴム製品大手の「カレックス・インダストリーズ」である。カレックス・インダストリーズ社が位置するのは、マラッカ海峡に面したジョホール州である。漁業が盛んだったこの街に、カレックス・インダストリー社のコンドーム生産工場がある。工業化に転じ根付いた地域なのだ。

工業化、雇用促進など、発展の要素になる事柄に成功したモデルとして、マレーシア政府も歓迎している。

現在、マレーシアの1人当たり国内総生産（GDP）は少ない。2012年に1万ドルに達し、年率5％前後の経済成長を続けている。だが足元では成長を支えてきた電子・電機産業の伸びが減速し、同分野の12年の輸出は前年比で2・6％減った。新たな成長の原動力が見当たらない悩みは深刻だ。同国の1人当りのGDPは1980年代初頭までは韓国、台湾とほぼ同じ水準だった。だが半導体などの民間企業が育った韓台と異なり、マレーシアの上場企業時価総額上位外資の進出100社の4割が政府系企業だ。政府系企業への過度な依存が裏目に出て、競争力もある輸出産業が育っていない。これはまさに言うところの「中所得国のワナ※」といえる。

マレーシア政府はこの「ワナ」の回避したいところである。

カレックス・インダストリーズ社の「付加価値を生み出す製品作り」の取り組みは、「中所得国のワナ」を回避する具体的な方法かもしれない。

※「中所得国のワナ」

新興国が低賃金労働力を原動力として成長し中所得国の仲間入りした後、自国の人件費の上昇や後発新興国の追い上げにあって競争力を失い成長が停滞する現象。ワナを避けるためには産業の行動化が欠かせないが、そのために必要な技術の獲得や人材育成が進まない。1人当たりの国内総生産（GDP）が3000ドルから1万ドル程度を中所得国と呼ぶが、最近は1万ドルを達した後にワナに堕ちる国・地域が多い。1万ドルから2万ドルになかなか到達しない。韓国や台湾は1990年代後半から2000年初めにかけてワナに陥り伸び悩んだ。その後、電機産業などを核に産業を高度化しGDPが2万ドルを超えた数少ない成功例である。

コラム　シンガポールの国家戦略

シンガポールの国家戦略のコンセプトは、物流、交通、金融、人材のハブ拠点と位置づけることだ。コンテナヤード、先物取引などは、その具現化された例である。しかしながら、近隣諸国に、この成功例は浸食されはじめた。同様の戦略を組み発展の起爆剤としようとするタイ、ベトナム、ミャンマーなどに迂回され、シンガポールはハブ拠点としての機能を失う危機に直面している。

今、インドネシア半島を東西に横切る幹線道路が構築されつつある。

ひとつはベトナム中部のダナンとミャンマーのモーラミャンマーインを結ぶ「東西回廊」、もうひとつがホーチミンからカンボジアの首都プノンペン、バンコク北方を抜け、ダウェーに至る「南部回廊（第二東西回廊）」だ。

この二本の道路沿いに今、日本、米欧、韓国などの企業の工場が続々と建設されている。従来、タイに集まっていた生産拠点が安い人件費を求め周辺国に広がる「タイ・プラス・ワン」の動きは道路整備とともに進んでいる。

シンガポールにとって脅威なのは、この二つの回廊の整備が進み、沿線に工業団地が増えれば、東南アジア諸国連合（ＡＳＥＡＮ）のモノづくりはインドネシナ半島の五カ国（タイ、ベトナムカンボジア、ラオス、ミャンマー）が圧倒的な力を持ち、かつてのＡＳＥＡＮの産業集積の中心であったマレーシア、シンガポールは空洞化するのが確実ということだ。さらに生産活動が活発するとともに部品、原材料や完成品は、太平洋とインド洋を結ぶ二つの回廊によって陸路で結ばれるようになる可能性が高い。従来は遠く赤道直下のマラッカ海峡を通って船で運ばれていたモノがインドシナ半島を横切ってトラック輸送されれば、輸送時間は三分の一以下になり、アジアにおける「ジャスト・イン・タイム」が実現する。地政学的に言えば、二つの大洋を結ぶ結節点としての価値が道路によって生まれる。納期とコストに厳しい日本、米欧企業などがこうした可能性に目をつけないわけがない。マラッカ海峡の出口で港湾の積み替え（トランスシップ）の迅速さと正確さを売物にしてきたシンガポールはバイパスされかねない。こうした動きのカギを握っているのがインド洋への出口であるミャンマーなのだ。

また、観光資源を再開発しようと試みをはじめている。集客力のある観光資源としてカジノが注目されている。独立と経済成長の為に厳格なまでの法整備が進められていたシンガポールにとって、法律を改正してまでカジノを誘致しようとするのは、前述の危機感からによるものだ。また危機感から、大型開発計画が予定されているそうだ。「イスカンダル計画」と呼ばれる人口300万人の巨大都市の構築を行っている。シンガポールが進めているのは対岸のマレーシア・ジョホール州に建設する住宅、オフィス、工場、教育機関などを一体化し都市で、総投資額は10兆円とも言われる。既に工業団地、学園都市の建設は進み、シンガポール中心部まで40分で結ぶ鉄道も開通する予定だ。

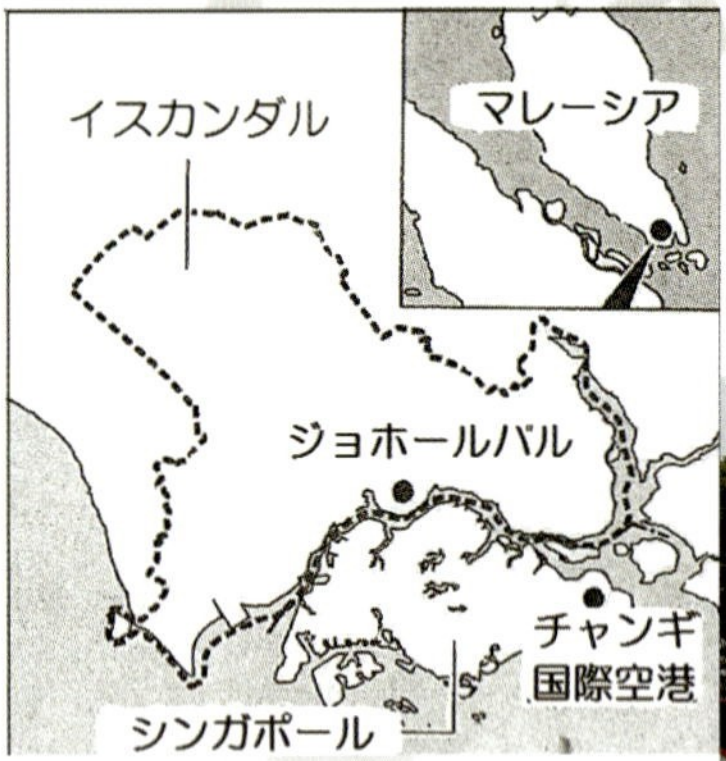

上）「イスカンダル計画地」

右）シンガポール市街地

マレーシアをライバル視するシンガポール。マレーシアは国を割ってでた宿敵であり、長らく緊張関係にあった。そのマレーシアと手を結び、巨大都市イスカンダルを新設しようというのは、現状のままでは、自らの競争力が低下し、衰退が始まると自覚しているからだろう。

コラム　シンガポールの決断

経済成長の国家戦略の見直しを進めるシンガポール。成熟期を迎えたことから、社会設備の充実を注力しようとしているそうだ。医療保険の拡充や外国人労働者の受け入れ抑制など、社会福祉の充実や国民生活の改善に力を入れる姿勢が鮮明だ。アジア有数の豊かな国となったいま、リー・シェロン首相は父親が築いた国家像を塗り替える決断を下そうとしている。

８月１８日に開いた４８回目の独立記念集会での施政方針演説は、首相は医療や住宅、教育を巡る制度の見直しに重きを置くものだった。成長戦略は国際空港などわずか、と述べる。

これまで、徹底的な能力主義と効率性の追求を売り物に外資系企業を集めてきた。経済成長の為に、治安の安定を優先し、国民の言論には一定の制限を設けていたのだ。「開発優先」「国民不在」との不満が国民にあったのも事実であったが、時の首相のリー・クアン・ユー氏は動じなかった。不満がありつつも国民は、まずは経済成長を最優先する路線を支持した。

かつて、年金基金を国内開発へ投資し工業団地の建設に活用して経済成長の基盤とした。こうした国民からの負担を、今後は社会福祉へ充てる考えを示す。社会保険制度の「メディシールド」を、任意医療保険から国民皆保険へ制度を変えようとしている。

成熟期を迎え社会保障への要望、政治への意見するなど「自分たちで自分たちの未来を決めたい」とする国民の意識変化を感じさせる。

2013年8月末に公表された世論調査では、現在の生活に「非常に満足」「満足」と答えた国民の割合が66％に達した。一方で、「完全な表現の自由を求める」と答えた国民は全体の4割近くに上り、15~19歳の間では44％に達した。豊かな時代しか知らない若者たちを中心に、国の針路に自らの意見を反映させたいとの意識が高まっている。この世論調査結果は2014年1月に行われた選挙結果に如実に現れた。国会議員補欠選挙では野党・労働者党の候補が55％の得票を得て当選。リー首相が率いる与党・人民行動党の候補に10％の大差を付けたのだ。

コラム　華僑（華人）社会の話1　移民・交易・送金ネットワークの構造と展開

21世紀の今日、東アジアから東南アジアにかけて、急速な経済発展が進み、華人の移動と地域間関係の結びつきにより、広域システムとも関わるような巨大な華僑商人のネットワークが形成されつつある。伝統的に華僑商人の金融・資本・送金・交易とはいかなるシステムによって運営されてきたのか。家族―同族―同郷―企業グループにおける「合股」「聯号」「合会」などの伝統的な投資・経営のありようを手がかりに明らかにされる。従来の華僑・華人研究は、帰属意識・自己意識の問題としての、いわば一人称の研究であった。グローバル化のいま、増大する「華僑的状況」を受けとめて、国家や地域との関係において、歴史的背景に支えられた、より広域圏システムの動態の解明が求められている。「国家」や「民族」との〝公式〟的関係を持ちつつも、実質的に地域間関係や環海の都市間関係など〝非公式〟チャンネルを備えながら、移民先における「同化」と「排華」、本国への「帰国華僑」にたいする「受容」と「異化」の間を変動するネットワークとして、「中華網」という理論的枠組みを提示している。

●華僑・華人の居住分布

これらのASENAN諸国の中国人は、自らのナショナル・アイデンティティを加えて、次のような呼称も用いている。
シンガポール・チャイニーズ　新華（新華加披華人）
マレーシア・チャイニーズ　馬華（馬来西亜華人）
フイリッピン・チャイニーズ　菲華（菲律賓華人）
インドネシア・チャイニーズ　印華（印尼華人）
タイ・チャイニーズ　泰華（泰国華人）
その特徴を挙げれば次のようになる。
（1）の居住分布は世界的に広がるが、比較的経済発展の進んだ国に多い。
（2）中でも東南アジア地域が圧倒的に多いが、ただし人口比は減少している。他方その他の各大陸では、人数並びに比率ともに近年急増している。
（3）集中して居住する場所は大都市圏の中華街を中心としており、世界22ヵ国に53ヵ所の中華街がある。
（4）華橋・華人は、大部分が同郷・同族などの地縁・血縁に基づいてまとまって居住している。たとえば、フィリピンでは、85％が閩南（福建南部）からであり、タイでは潮州（広東省）を祖に持つ者が70％占める。全体としてみると、広東省が49％、福建省が35％、海南が6％である。（濱下武志　華僑・華人と中華網　岩波書店）

コラム　華橋（華人）社会の話2　成り立ちと中華網

華僑（華人）の成り立ちとは、どういったものだったか。300年も続いた明代海乱。激戦期は方国鎮・張士誠集団の嘉靖海乱（1548〜65）であった。614回も戦闘が起きる狂乱の時代である。この時代に中国の海民たちは、大挙して脱出・移住をしたと言われる。

この時代に脱出・移住した子孫が、現在の華僑（華人）と言われる者たちだ。各国に分布された内訳を見ると、次のようになる。

インドネシアに505万人（総人口の約3％）
シンガポールに230万人（総人口の76％）
マレーシアに616万人（総人口の33％）
タイに658万人（総人口の11％）
フィリピンに76万人（総人口の1％）

また台湾国民の主流をなす閩（ビン・ミン）南系もやはり、中国から脱出・移住した広東・福建・浙江人達という。東南アジア各処の華僑たちも祖先たちの出身地によって福建幇（ホウ・방）と広東幇そして三江幇などを形成している。

現在彼らのほとんどが中国人であるが、このようになったのは20世紀初めに設立された中華総商会が華僑たちとの交易を開始したのが契機だった。1909年に制定された〝国際法〟（中国の法令名称）が適用されたからである。もちろん中国語を使用するために広義の中華民族であったが種族次元から見るとその主流は漢族ではない。故郷である広東省・福建省及び三江省地域は後漢以来百済人、唐のときは新羅人、後唐と北宋ときは長淮茂族・滄海雄藩並びに百済之民の地元であり、中国経済が傾き始めた頃以後の南宋のとき、閩淅奸商、元の時は蛮、そして明のとき倭夷たちの地元であった。したがって万一彼らの祖先たちが庚寅倭寇たちのように韓半島に早く来ていたなら韓国人になってもおかしくない存在である。

華僑たちの起源を大略唐国以後とみているが、実はこれよりはるか前であると推測できる。以前にも触れたことがあるが韓半島から中国沿岸にわたり百済人たちの定着からはじまった淡勿・淡水系統の地名が分布していたし、彼らは東南アジア一帯とスリランカやインドにも移住している。

（詳細は張允植『海のシルクロードとコリア』雄山閣刊　246頁に記載）

コラム　渋滞

首都ジャカルタは、道路の渋滞が名物。インドネシアは、空でも混雑が深刻な問題になっている。インフラが不足しているのに格安航空会社（ＬＣＣ）などが路線を拡大。運行を支える管制官やパイロットなどの人材も不足し、安全面の懸念も膨らんでいる。

「上空で着陸待ちが1時間なんて当たり前だ」。航空会社は、着陸待ちの間にむなしく消費する燃料のコストに悲鳴を上げる。空の玄関であるスカルノ・ハッタ空港では路線が急増。次々と到着する飛行機に空港設備や官制スタッフが追いつかなくなっている。年３３万〜３５万回が限界とされる同空港の発着数は２０１２年に３８万回を突破した。世界の国際線で２番目に多いジャカルターシンガポールの週間の往復座席数は１１月時点で前年同月比２４％増。世界で最も早いペースで伸びている。ジャカルタを拠点とする経済活動が活発になった結果、国内の旅客需要も拡大。ＬＣＣが国内便を増やしている旅客にしてみると、混雑や遅延でイライラするだけで済んでいるうちはいい。しかし、いよいよ安全面に懸念が高まり始めている。ジャカルタに限らず全国規模で足りないのが、空港管制官と呼ばれるスタッフだ。航空機の安全な発着のためパイロットに指示を出す重責を担う。国内で２０００人は必要だが、現状は１２００人程度。当局は研修期間の短縮や高齢職員の定年延長でしのいでいるが「（安全維持の）限界をこえつつある」と航空専門家から指摘を受けている。世界的パイロット不足に伴う質の低下も心配だ。ＬＣＣ最大手ライオン航空が4月最新の米ボーイング機をバリ島空港横の海上に不時着させたのもパイロットの技量が問題だったとされる。空の交通は国の東西が米国並みの5千㎞に及ぶ群島国家インドネシアの成長に不可欠。先進国のノウハウを取り込むなどして早急に手を打つ必要があるだろう。

コラム 「インドの島」

インドから東に遠く離れているにもかかわらず〝インド〟ネシアと呼ばれているのは、何故だろうか。これらの地名はむろん、いわゆる「大航海時代」以後にヨーロッパ人によってつけられたものだが、その理由は当時、ヨーロッパ人が「アジア＝インド」と認識していたことにある。つまりインドとアジアは同意語であったからだ。このことは当時、オランダ、イギリス、フランスなどのヨーロッパ諸国がアジア進出のために設立した拠点会社の名称をみな「東インド会社」としていたことからも分る。ところがインドネシアは実際的にはインドの島ではなく、現在は国民の76％以上がイスラム教徒の国となっているが、古くはインド文化の影響を強く受けたインド文化圏で、現在もその名残が残っている。

コラム 「スカルノ」の語源

インドネシアの首都であるジャカルタを訪れたが、その郊外にあるジャカルタ国際空港の正式の名称がスカルノ・ハッタ国際空港であることを確認した。インドネシアの独立と建国に功績のあった初代大統領のスカルノと副大統領であったハッタの名をとって命名されたものだ。

このスカルノとハッタという名について見てみよう。まずスカルノ（Sukarno）の「ス（su）」は英語のGood、Wellの意味からつけられたもので、固有の名前は「カルノ」Karno）」だ。スカルノの次に大統領となったスハルト（Suharto）の「ス（Su）」も同じだ。ところでスカルノは「バクカルノ（Bak-Karno）とも呼ばれる。「バク（Bak）」の意味は?結論的に言うならば「バクカルノ」の「バク」は「父」という意味を持つ最高の敬称で、インドネシアの「国父」として現在もインドネシア国民から尊敬されているスカルノにふさわしい呼び名だ。また「バク」は古代ペルシャとインドに由来する語彙で、新羅の始祖朴赫居世の「朴（パク）」とその起源を同じくするものと考えている。

コラム 「ハッタ」と「秦」

次に、インドネシアの初代副大統領であったモハメド・ハッタの名について見てみよう。

ハッタは「バクカルノ」の「バク」と同じく古代インド語を起源とし、サンスクリット語とダリー語で「太陽と月」を意味する。サンスクリット語は古代インド語であり、ダリー語はペルシャ系統語で現在はアフガニスタンでパシュトー語に次ぐ第2の公用語となっており、主にエリート層の言語となっている。読者の中には「ハッタ・ヨガ」について知っている人も少なくないであろう。人の健康を肉体と精神の均衡によって保ち、自然治療力を重視するヨガだが、ハッタという名は、体と精神の関係を陰陽の関係、つまり太陽と月の関係に比喩してつけられている。太陽と月を意味するこの「ハッタ」という言葉は、韓国の歴史文献『三国遺事』に発見され、また古代日本の有力氏族の名に発見されている。日本の古代史に明るい読者なら、千年の古都＝京都の基盤を築いたといわれる有名な「秦（ハタ）氏」について知っているであろう。

この「秦氏」の起源をめぐって、日韓の歴史学会では新羅系、いや伽耶系、または百済系と論争は盛んだが「渡来人」であることでは見解が一致している。現在、この「秦（ハタ）」に関する学会のおよその見解は「海（ぱだ）に由来する」というものだ。これは「渡来人」がみな海を渡ってきたということ、そして朝鮮語の「パダ」と韻音学的に類似しているからであろう。しかし韓国の作家徐鉉佑氏は「ハタ」は太陽と月を意味する「ハッタ」に由来し「聖なるもの」を誇示していると考えられるという。徐氏の見解は、古代に「パダ（海）」を「ハタ」と呼んだのではないかというものだ。また「ハタ」が「太陽と月」の意味でも使われたことが明らかであるので、その起源はサンスクリット語およびダリー語の「ハッタ」に由来するものだとの見解である。

（『コリア、その海の歴史・ユーラシア大陸と海そして東北アジャ（二）』徐鉉佑）

2012 年 12 月 26 日　インドネシア　ボルブドール遺跡
次々とお祈りの人々が絶え間なくなだれ込む。
上を向いても下を向いても人が湧いてくるように思われるほど多い。

インドネシア・ジャカルタ

十二月二十六日（水）

終日、ボロブドール遺跡とプランバナン遺跡を観光。ジョグジャカルタの市内ホテル泊。

ボロブドール遺跡は、インドネシアのジャワ島中部にある仏教の石像建造物。７５０年～８５０年ごろシャイレンドラ王家が建築したもので、東南アジアの仏教遺産の中では最も壮大華麗。一辺１２０ｍのほぼ正方形の基壇の上に9層の壇が積み重ねられ（下部6層が正方形、上部3層が円形）、頂部にストゥーパがある。全高４２ｍ。

各層に仏像や本生譚《ほんじょうたん》などが刻され、各層に設けられ端回廊をめぐりあがるに従い仏教の教義が理解される仕組みになっている。１９９１年世界文化遺産に登録され、趣のある立派な仏教遺跡である。同じ時期に栄えたヒンドゥー教の寺院も訪れたがこれ自体が巨大な曼荼羅と考える。インドネシアのジャワ島中部、ジョクジャカルタの東方１５㎞にある村。

チャンディ・プランバナンは、ヒンドゥー教寺院の遺跡郡がある。代表的なのが9世紀半ばにマタラム王朝のピカタン王によって建造された、別名ロロ・ジョングランとよばれる石造遺跡だ。

外苑、中苑、内苑に三重構造だったが、現在残るのは中苑と内苑のみ。主堂はシバ神をまつるシバ堂で、高さ４７ｍ、ピラミット型の塔をもち、回廊の欄楯《らんじゅん》壁画には『ラーマーヤナ』を題材にした浮き彫りがほどこされて

プランバナン遺跡

いる。1937年に修復工事が始まり、シバ堂以外は現在も続行中。寺院郡は1991年、世界文化遺産に登録されている。
仏教とヒンドゥー教寺院の異なった様式を比べて見るのは興味深いものがある。インドネシアは今回、初めて訪れたが、このような立派な仏教寺院やヒンドゥー寺院を見られたこと幸いであった。驚くべき華麗な造形世界を築き上げた、この国の古代文化の水準の高さを再認識する機会となった。

十二月二七日（木）
午前、ジョグジャカルタ市内車窓観光。空路ジャカルタへ。
午後、ジャカルタ市内観光、船内泊。
インドネシアはジャカルタ首都特別州、ジョクジャカルタ特別州を含む30州で成り立つ。そして東南アジアでイスラム教の最大の国である。街では多くの子供たちを目にする。気になり調べてみると、同国で働いて収入を得る働きざかり年齢人口が、子供や高齢者よりも多い「生産人口ボーナス期」が2025~30年ごろまで続く。日本の戦後成長期同様な経済的発展が続くようだ。ユーロモニターインターナショナルの推計で同国の0〜14歳の人口は約6500万人でタイの総人口に匹敵する。女性が何人の子供産むか示す合計特殊出生率も2000年の2・34から10年には2・41に高まった。日本の出生数は年約100万人。今のインドネシアは日本の4倍のペースだ。

出生率が増える中、インドネシアの家庭では子どもへの教育が熱心だ。「エンゼル係数」という家計の中で子供関連へのお金をかける割合を指し示す数字がある。日本では4％とされるが、インドネシアでは8％となっているそうだ。

こうした子供市場成長へ期待が大きく、日系企業が市場に注ぐ視線はおのずと熱くなってくる。バンダイなどの玩具メーカーはもちろんだが、マンダムなどの化粧品メーカーも子供用を用意し参入してきた。こうした試みは日用品だけではない。ヤマハ発動機は小学生向けにバイク教室を開いたりしているそうだ。

気温も高いが、多くの子供たちを見かけ、確かに街中が活気にあふれている。しかしインフラ整備にはまさに発展途上である。あらゆるプロジェクトが入り混じって同時に進んでいるのを見ると高速道路の渋滞や、新たな建物、港湾の拡張整備などが遅々としている感がある。インフラ整備にはまだまだ時間が掛りそうだ。ジャカルタ市内車窓観光というので楽しみにしていたが一度も下車することもなく渋滞の渦にまみれ、やっと夜の帳がおりた波止場にたどり着き、出発時間が迫った本船に合流した。

日程		行程／宿泊地
1月5日	夜	ポートルイスにて本船を下船
		泊　ポートルイス近郊ホテル
1月6日	午前	自由行動
	午後	空路アンタナナリボへ
		泊　アンタナナリボホテル泊
1月7日	朝	空路モロンダヴァへ
	午前	モロンダヴァ近郊の漁村を訪問
	午後	バオバブの並木街道をドライブ
		泊モロンダヴァのホテル
1月8日	朝	空路アンタナナリボへ
	午前	レミューズパーク（キツネザル公園）観光
	午後	メリナ王国の首都であったアンブヒマンカ観光
1月9日	午前	自由行動
	午後	ダーバン（南アフリカ、ヨハネスブルグ乗り継ぎ）
		泊ダーバン市内のホテル
1月10日	午前	シュルシュルウェ・ウンフォロージ国立公園
	午後	ゲームドライブでサファリ体験
		泊シュルシュルウェ近郊のホテル
1月11日	午前	陸路ダーバンへ
	午後	ダーバン市内車窓観光
		ダーバンにて本船へ合流

モーリシャス

一月五日（土）

夜、ポートルイス島にて本船を下船。

近郊のリゾートホテルに泊。

インド洋南西部、マダガスカル島の東方約８００kmにある島国。主島モーリシャスのほかロドリゲス島など付属小島を含む。最高地点は標高８２０m。周囲を珊瑚礁に囲まれる。湿潤・温和な気候に恵まれるが、サイクロンの被害を受ける。耕地の大部分がサトウキビの栽培に向けられ、砂糖が輸出される。茶の生産もある。輸出加工区で生産される衣類・履物が輸出第1位を占める。１５０７〜１５１２年にポルトガル人が来航したときは無人島であった。１５９８年オランダがインド洋航路の要地として植民を開始した。１７１５年フランス領となり、１８１０年に英軍が占領し、１８１４年に英国領とした。

英国はサトウキビ栽培のため、多くのインド人を入植させた。1968年イギリス連邦内で独立。1992年立憲君主制から共和制に移行した。

マダガスカル

一月六日（日）

午前自由行動。午後、空路にてアンタナナリボへ。

ポートルイス島の面積は韓国の済州島より少し広い程度、住民の7割がインド、初口には島の東北部の自然環境見て回る。二日目は東南部、飛行場に1時間の距離にあるリゾート地のホテルに2泊する。

「インド洋の貴婦人」と呼ばれるモーリシャスは、アフリカ諸国に比べ治安がよく、世界トップクラスのリゾート地として、世界中より多くの観光客を惹きつけてやまない。

綺麗な長い砂浜がつづく避暑地とした一大リゾート地である。欧米人（特にフランス人が多い）から当地の庶民まで大勢の人で溢れていた。週末のこともあるかもしれない。午後にマダガスカルに向う。宿泊したリゾートホテルは蒼く長い海岸線沿いあり、欧米人たちが泳いでいた。一目で感じ入るくつろぎやすい良いところであった。船の食事になれていたが久し振りに美味しい食事にありつけて幸いであった。

水面にうつるバオバブ

一月七日（火）

朝、飛行機でモロンダヴァへ（所要時間1時間）。

午前、モロンダヴァ近郊の漁村を訪ねる。

午後、バオバブ並木街道をドライブ、モロンダヴァホテル泊。

モロンダヴァ近郊の漁村訪ねた。午後バオバブの並道街道をドライブした。このバオバブの木はこの地にだけあることから観光地となっている。

バオバブは特殊な木である、この地のだけに生育するものであるという。初めて見る植物であり、その珍しい姿をカメラに収めた。

バオバブの木は高さ20m近い巨木だ。バオバブは少ない雨でも育つ生命力の強い樹木だ。大陸のケニア、ウガンダ、ルワンダなどからのトラック野郎たちは「バオバブの木下で休息すると、不思議な力が湧いてきて元気になるという。だから運転に疲れたときは必ずバオバブの木下で一休みする」というエピソードを案内人が語る。

こうして見ると、確かに観光受けするところがあるが、観光業者と地元の有力者だけにメリットがあって漁民や農民たちに利益が還元することはなさそうだ。村のぬかるんだ生活道路は観光用の四輪駆動車

47
マダガスカル

2013年1月7日　マダガスカル　バオバブの並木
初めて見るバオバブという木は大きい。その並木道は風格がある。
原住民たちは、この木へ信仰に近い思いがある。

に荒らされて彼ら住民たちの牛車が通るのも不便であるのだが、修復されることもなさそうである。住民たちにとっては歩きにくい道となっていることが、それを物語っているように思えた。

一月八日（火）

空路モロンダヴァからアンタナナリボへ（所要時間1時間）。

アンタナナリボのホテル泊。

朝に再びアンタナナリボへ戻る。空路で戻るのだが、折り返しになる飛行機の到着が遅れていた。12時間も空港で待たされて疲労困憊になる。こちらのローカル便ではよくあるようだ。国内外で定時性になれている身にからすると理解に苦しむ。

アンタナナリボはアフリカ大陸の南東３００㎞、モーリシャスから西へ８００㎞。マダガスカル島中央部、標高１５００ｍの高原にあり、東岸のタマタブと鉄道で結ばれる。アンタナナリボ大学（１９６１年創立）、パスツール研究所がある。

１７世紀にホバ人が創建、１７９７年にメリナ王国の王宮が置かれ、１９世紀に同国が全島を支配して首都となった。

一月九日（水）

アンタナナリボからダーバンへ。

乗り継ぎのヨハネスブルクは南アフリカ最大の立派な空港であった。

ダーバンは南アフリカ最大の港である。同国最大の貿易港。砂糖・羊毛・オレンジ・石炭・を輸出。機械・造船・製油・繊維などの工業がおこなわれる。クワズル・ナタル大学（１９０９年創立）、ダーバン工科大学がある。１８２４年象牙貿易のために英国人が創建。１８３５年ケープ植民地総督ベンジャミン・ダーバンの名をとってダーバンと命名。住民の約３０％は１８６０年以降の農業労働者として移住したインド系。

午後ダーバン市内歓光して本船に合流する。

船で知り合った北海道札幌市にいる鍼灸師で鍼灸学校の教師でもある原田泉氏が、ピースボートで絵日記を書く。４回目の乗船組だが、時間のある船旅で始めた絵日記が評判となる。１０年生まれで僕とは同世代である。互いにフィーリングが合いそうであった。

しかし原田氏は、彼の仕事の関係でケープ・タウンから帰ることになる。

彼に『海のシルクロードとコリア』（雄山閣刊）を贈呈する。船内の居酒屋「波平」での歓送会時に彼が言うには、すでに第一章は読んできたという。興味あるテーマで喜んでいるという。幸いである。

一月十日（木）

ダーバンから午前バスで約4時間30分の長距離を移動して、シュルシュルウエ・ウンフォローシ国立公園へ。午後、ゲームドライブでサファリ体験。シュルシュルウエ近郊のホテルで泊。サファリ体験というので大いに期待していたが、三時間ほど走りまわって、最後に私が見つけたキリン三頭を見ただけだった。

【マダガスカル会】

この会のきっかけは、この連泊となったリゾートホテルでの夕食からだった。テーブルに同席した7人で構成されている。長い航海を終えるまで楽しく頼もしい親睦会となっていった。A氏の歓送迎会を行ったのがマダガスカルだった。この時から「マダガスカル会」と呼称する会が発足したのだ。帰国後も尊敬する仲間たちと、2度も国内外で楽しい旅をした。一人ひとりが、とても良きメンバーである。この会は、長く続きそうである。

オプショナルツアーの「インド洋のマダガスカル島とサファリ7日間」から本船に合流して、本格的にアフリカ大陸を楽しむこととなる。

アフリカ編

ケープタウン

一月十四日（月）

05：30に入港、22：30に出港。

喜望峰（ケープ・オブ・グッド・ホープ）は、フォールス湾の西側に突出した半島にある南アフリカ共和国の最南端だ。一帯は観光地で、最先端部まで自動車道路が通じる。

オプショナルツアーで「喜望峰観光とアザラシ島&ペンギンコロニーを訪問」に参加した。展望台から見る喜望峰の光景が素晴らしい。青々とした水面をたたえる海は、見渡す限りの美しいものだ。ボートでアザラシ島の遊覧をするが、アザラシもペンギンも千頭以上いると思われる圧倒的な光景であった。これらは見応えある観光スポットであった。

感動のままに早速、大阪に電話をする。日本時間は12時30分頃、今日は「成人の日」の祭日で会社も学校も休み。長女の孫や次女の孫で賑やか、電話の取り合いで話が聞きづらい。

詩 喜望峰

港湾セメントブロックの上にも
でかいアザラシが日向ぼっこして寝そべる
目の前の大小の岩に
アザラシ群が乗っかっている
同じく大小の岩に大勢のペンギンの群れが
啼きながらたむろする

ボートにのって近郊の岩場におもむくと
ペンギンやアザラシが鈴なり
見渡して数千頭はいる
水平線はとても長い

53 詩 喜望峰

青青した空に
濃厚なエメラルドグリーンの海があいまって
喜望峰の景観は素晴らしい
海の水が清い　アザラシ、ペンギン彼らの天国か

15世紀はじめ 太平洋側から
大西洋に向う鄭和艦隊が通過し
大航海時代の幕開けを
天下に宣布した岬でもある

このコラムページ背景写真は、この地を訪れた際の船上からである。

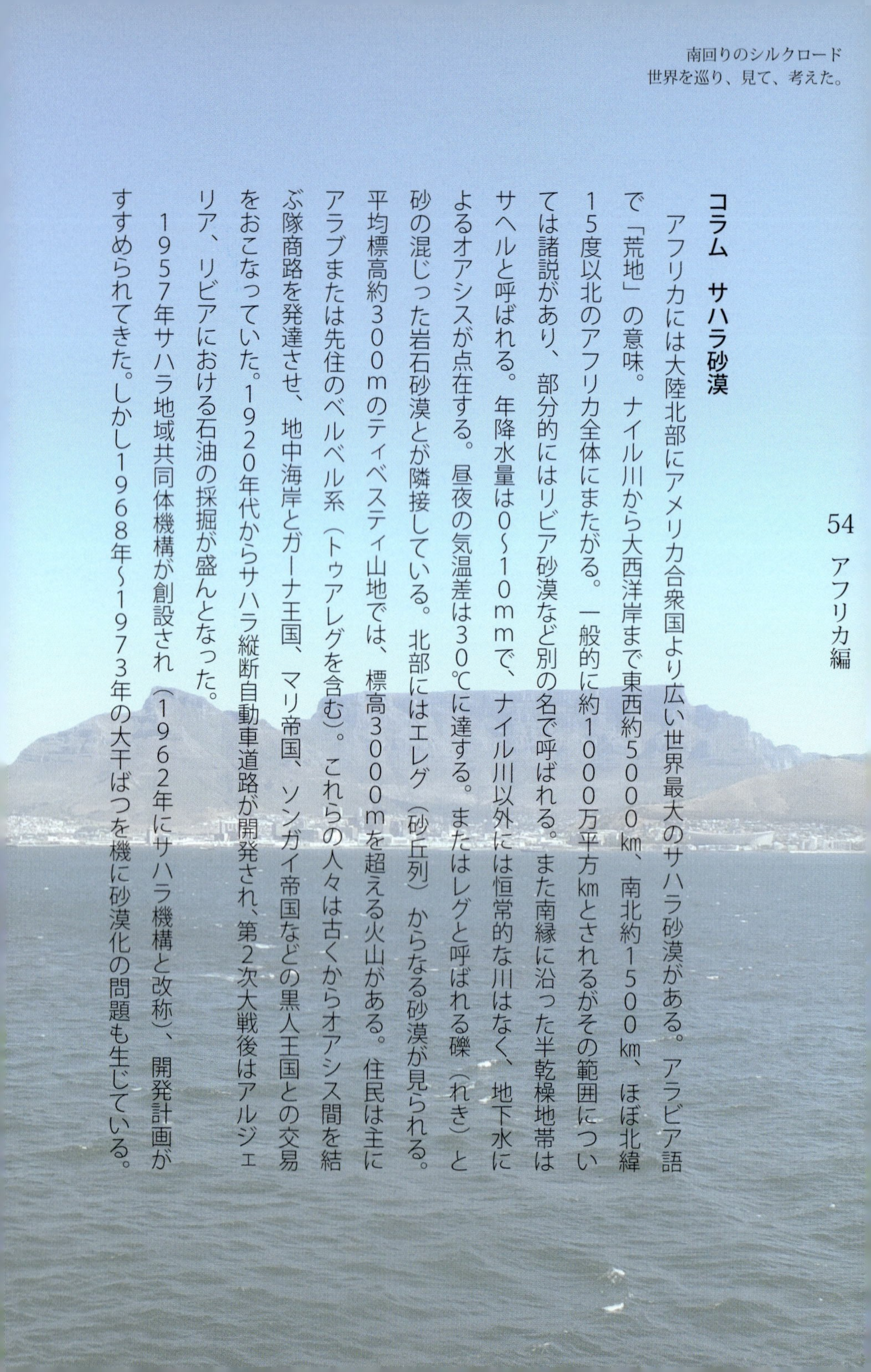

コラム　サハラ砂漠

アフリカには大陸北部にアメリカ合衆国より広い世界最大のサハラ砂漠がある。アラビア語で「荒地」の意味。ナイル川から大西洋岸まで東西約５０００㎞、南北約１５００㎞、ほぼ北緯１５度以北のアフリカ全体にまたがる。一般的に約１０００万平方㎞とされるがその範囲については諸説があり、部分的にはリビア砂漠など別の名で呼ばれる。また南縁に沿った半乾燥地帯はサヘルと呼ばれる。年降水量は０～１０ｍｍで、ナイル川以外には恒常的な川はなく、地下水によるオアシスが点在する。昼夜の気温差は３０℃に達する。またはレグと呼ばれる礫（れき）と砂の混じった岩石砂漠とが隣接している。北部にはエレグ（砂丘列）からなる砂漠が見られる。平均標高約３００ｍのティベスティ山地では、標高３０００ｍを超える火山がある。住民は主にアラブまたは先住のベルベル系（トゥアレグを含む）。これらの人々は古くからオアシス間を結ぶ隊商路を発達させ、地中海岸とガーナ王国、マリ帝国、ソンガイ帝国などの黒人王国との交易をおこなっていた。１９２０年代からサハラ縦断自動車道路が開発され、第２次大戦後はアルジェリア、リビアにおける石油の採掘が盛んとなった。

１９５７年サハラ地域共同体機構が創設され（１９６２年にサハラ機構と改称）、開発計画がすすめられてきた。しかし１９６８年～１９７３年の大干ばつを機に砂漠化の問題も生じている。

ナミブ砂漠にある砂丘。

ナミビア共和国

一月一七日（木）
06：00　ウォルビスベイ入港。
ナミブ砂漠観光。世界のあちこちで砂漠を見てきた者としては物足りなさを感じた。サハラ、タクラマカンの砂漠は規模はもとより雄大さにおいても、この砂漠とは次元の異なる印象だった。初めて砂漠を体験する人も多く、砂丘に登頂して滑り降りる遊びに喜んでいた。
同行者の西川氏はオプショナルツアーの「ケープタウン〜ウォルビスベイ。ナミブの大地をゆく・スペシャルオーバーランドツアー4日間」へ参加し戻ってきた。僕はこのツアーに参加出来ずにて残念な思いをしていたが、「内容が乏しいものだった」との西川氏の感想を聞いて、結果としては幸いだった。

南アフリカ共和国

豊富な天然資源に恵まれ、アフリカ最大の経済大国の南アフリカだが、「人類の罪」といわれたアパルトヘイト（人種隔離）政策の記憶が今も刻まれている。

ヨハネスブルク南西部に南最大の旧黒人居住区「ソウェト」が広がる。住民はほぼ全員が黒人で、広告の看板まで黒人モデル一色になる。１３年１２月５日に死去したネルソン・マンデラ元大統領がかつて住み、反アパルトヘイト闘争の象徴的場所だ。アパルトヘイト撤廃後に富を手にした黒人の豪宅も軒を連ね、大きな貧富の差が垣間見える。この歴史的な地区周辺には、アパルトヘイト関連の博物館も多い。闘争の拠点だった教会には、今も銃弾の跡が残る。世界中から観光客が訪れ、マンデラ氏の元住宅は記念館となり、通りにはモダンなカフェやレストランが並ぶ。この国は、首都機能をプレトリア（行政府）、ケープタウン（立法府）、ブルームフォンテーン（司法府）と分散させているのも特徴。

西ケープ州の州都。同国議会の所有地（立法上の首都）。アフリカ南端、大西洋のテーブル湾に臨む港町で、造船・機械・農水産物加工などの工業が行われている。ヨーロッパ風の都市で、白人のためのケープ・タウン大学（１８７３年創立）、カラードのための西ケープ・タウン大学（１９６０年創立）がある。１６５２年オランダ東インド会社の植民地として建設された。白人による南アフリカの植民地化やアジア人との混血であるカラードの人口が南アで最も多い。１８０６年英領。

57
南アフリカ共和国

2013 年 1 月 14 日　南アフリカ　ケープタウン港
喜望峰展望台、ボートでアザラシ島遊覧。
本コースでは世界遺産に指定された喜望峰自然保護区を訪問した。素晴らしい！

コラム　アフリカ大陸

　アフリカ大陸の悲劇ではコンゴにあったツチ族とフツ族の対立が思い浮かぶ。２００５年にエジプトからベルギーへ旅したことがあった。意外とアフリカ系黒人を多く目にして、コンゴ植民地政策時代の名残を感じたものだった。ベルギーは１８３１年の立憲君主国として独立した。イギリス、フランスの列強が植民地政策を行うと、ベルギーはコンゴを植民地として統治した。コンゴにはツチ族とフツ族の二つの民族からなる。ただし、ツチ族はフツ族にくらべて少数派であるのだ。宗主国のベルギーは、徴税の為に、少数派のツチ族を「支配階級」として重視したのだ。この偏った民族徴用が、この国にひずみを生じさせた。１９６２年のコンゴ独立後に、両民族間で惨劇が繰り返されるようになった。

　アフリカは経済成長と同時に、過渡期を思わせる政情不安が同時に起こっている地域でもある。２００５年にエジプトを訪れた際に「何かエジプトをはじめとする中東の地域や隣接するイスラム圏で政治的地殻変動の働いている気がした」と記している。スエズ運河を経由してカイロへ向かったときだった。陸路のバスはコンボイを組み、パトカーのエスコートを受けるほどのものだった。搭乗したバスにもそうだったが、各バスには銃携帯の警備員が乗り込んでいた。

　エジプトのルクソールであった観光客無差別乱射事件以降から、物々しい警戒を継続している。その頃から8年で、北アフリカの国々で「アラブの春」といわれる政変が起きた。政情不安定な中で、イスラム原理主義者の流入もあり、混沌とした状態が続いている。

コラム　成長の可能性を秘める「最後のフロンティア」

　アフリカに関する経済記事が多くのメディアで採り上げられ、また本も頻繁に出版されている。アフリカへの関心が高まっていることの現れに思える。かつてアフリカが「暗黒大陸」と呼ばれた時代があったことを知る人がどれほどいるだろうか。それほどまでに、近年のアフリカ成長は目を見張るものがある。

　この大陸を大きく分けると、イスラム圏に属しアラビア語を公用語とする北アフリカ地域（5ヵ国、西サハラ共和国をカウントすれば6カ国）、サハラ砂漠以南の４９ヵ国からなる地域の「サブサハラアフリカ」となる。アメリカ合衆国の国土に匹敵するほどの広さを持つサハラ砂漠。この巨大な砂漠よりも南に位置するブラックアフリカ諸国の経済成長に関心が集まっている。北アフリカの6カ国ではアラブ系が主流なのにたいしてザブサハラアフリカは黒人が多い。１０億人程度のアフリカ大陸の人口の8割以上を占める。発展めざましい国々をＢＲＩＣＳ（経済発展が著しいブラジル、ロシア、インド、中国、南アメリカの総称）とするが、角である南アフリカは除外されることもある。経済発展が目立つのは、ナイジェリアやエチオピア、アンゴラなど。１９９０年までの経済は援助頼みで、過剰債務を抱えていたが、資源高騰を追い風に２０００年代から経済成長を加速させた。こうした国々を「フロンティア諸国」とも言える。かつては日本とドイツが世界経済を引っ張る「機関車」といわれた。牽引役はＢＲＩＣＳに代わり、現在はアジアの新興国が注目される。その次に名前が挙がるのが、こうした「フロンティア諸国」だ。２０００年以降、ブラックアフリカは平均で年５％近い経済成長を続け、すでにアジアに次ぐ成長地域になっている。日米欧の先進国はもちろん、中国やインドなどの経済成長にも陰りが見えるなか、ブラックアフリカが「最後のフロンティア」として注目されるのは３つの理由はある。

第１は人口の増加だ。国連人口局の予測を見ると、現在は１０億人程度のアフリカ大陸の人口は２０３０年までに中国、インドを次々に抜き、２０５０年には２０億人を越す。２２世紀前半、アフリカが４０億人、アジアが２０億人、その他が２０億人になるようだ。

この未来図は、およそ百年後に、いきなり出現するものではない。今後一世紀かけて、世界人口重心がじわじわとアフリカに移動していくということを意味するだろう。

豊富な勤労世代が引退するにつれて、中国やインドを含むアジア社会は、これから高齢化社会に向かっていく。しかし、百年後のアフリカ社会の担い手は、なお青壮年世代である中流層は一割にすぎないと仮定しても、アフリカにおける成熟市場の規模は現在の欧州を越えるものになるとも考えられる。アフリカ諸国の人口移動は、他の国と同様に、多くの若年層が都市部に流入し豊富な労働力と旺盛な消費を生み出す可能性がある。

第２は消費市場の成長力。ブラックアフリカでは１１年の一人当たり国民総所得（ＧＮＩ）が

1258ドル（約12万4000円となった。日本の35分の1にすぎないが、それでも最近10年で2・6倍に増えた。例えば携帯電話。2000年には約1500万件だった契約件数は12年には50倍の約7億5000万件に膨らんだ。携帯電話から家電へ、そして自動車へと、大型消費への推移するだろう。

第3に成長を支える資源の存在がある。国によって違いがあるが、アフリカ大陸全体でみれば石油のほか、金やダイヤモンドといった資源が豊富。しかも、大陸にある資源の半分は未開発とされる。世界の各国や企業は成長大陸を見逃さない。

2011年のブラックアフリカへの海外直接投資額は400億ドル規模と、2000年比で6倍になった。とくに攻勢の目立つのがBRICSで、11年の新規投資の5割以上はこれらの新興国が占めた。

もちろん、問題は少なくない。資源頼みの経済ゆえに貧富の格差は大きく、政治家の汚職も絶えない。ナイジェリアの財政幹部は言う「われわれの課題は成長ではない。雇用創出だ」と。雇用を生み出す製造業や近代的な農業を発展させられるかどうかが、アフリカの成長力を左右する。

国際通貨基金（IMF）によると、サハラ砂漠以南の「サブサハラ」と呼ばれる地域では、毎年平均5％程度成長すると予測されている。原油や鉱物など、豊富な資源の開発を支えに、これまでけん引役となってきた南アフリカのほかナイジェリアなどが成長株として注目されている。

ただアフリカ諸国では政情不安を引きずる国があるのも現実。

　成長を維持するために欠かせない道路や港湾、電力といったインフラ整備が追いついていないところも目立つ。豊富な資源を巡ってアフリカ進出を急いできた外資にとってはこうしたインフラの輸出・整備がビジネスとなり、さらに成長を加速させる可能性がある。

　アフリカの人口は現在１０億人で、２０５０年には２０億人近くになるとの予測もある。一部の国では中間層も増えつつあり、国内消費の拡大とともに、レジャーの需要も広がっていくと期待されている。航空会社は欧米などのビジネス客の取り込みを進めつつ、中長期的には世界とアフリカ諸国を行き来する旅行需要を獲得につなげたい考えだ。

コラム　アフリカへの乗り入れ便が急増

「新圳航空（広東省）が7月からケニア航空との共同運航範囲を拡大。広東省広州からパリなどを経由してケニアのナイロビやナイジェリアのラゴスなどの4都市を結ぶ路線を順次就航した」と聞いた。日本の航空会社もアフリカへの直行便がなく、国内大手を利用する場合、アジアや欧州のハブ（拠点）空港から海外の航空会社の乗り継ぎ便を活用するケースが多い。日本から毎日ドバイへ3便を運行するエミレーツ航空を利用し、アフリカへ行く旅客も増えている。航空業界が将来性を見込んでいるアフリカは、国によっては治安や空港などインフラに課題あるのが実情だ。国際航空運送協会（IATA）は6月、南アフリカで年次総会を開き、国際線向けの施設整備のあり方や航空管制といった安全確保の強化について討議するなど、アフリカ諸国の政府に対する働きかけを強めている。

世界の航空会社がアフリカ路線の拡充に動く背景には、急速に成長するアフリカ経済を巡り、欧米や中国などが現地でのビジネスチャンスの獲得を競い始めていることがあるようだ。

コラム　アフリカ投資

従来のアフリカ投資は、旧宗主国の英、仏、ポルトガル、ベルギーだった。しかし近年は、BRICSなど新興国が主役の座を占めつつある。国連開発会議（UNCTAD）によると、2012年のアフリカへの新規投資はBRICSから25％を占め、特に中国企業の進出が目覚しい。フィッチ・レーティングスの調査では、中国輸出入銀行が過去10年にアフリカに融資した金額は672億ドル（約6兆7千億円）で世界銀行の547億ドルを上回る。

アフリカ54カ国のうち英語を公用語とする国が22カ国、フランス語も21カ国。地図で見ると英語圏は海岸沿い、仏語圏は内陸が多い。伝統的に海軍の強かった英国が海岸沿いを押さえ、陸軍の強いフランスが陸続きに支配権を広げた様子がわかる。かねて米英の投資は英語圏に、フランスの投資はフランス圏へ向かった。隣国同士でも貿易や交流が途絶し、アフリカ全域の発展を阻む一因になったとされる。

シエラレオネ政府の経済顧問を務めたロレン・ジョンストン氏は「言語と関係ない中国の投資は国境を越えたアフリカの融合を促す可能性がある」と指摘する

中国は西アフリカに十数カ国をまたぐ横断道路の建設を検討する。仏語圏のセネガル、ギニアから英語圏のシエラレオネ、リベリアなどをつなぐハイウェーには新たな商機を生み出すねらいもある。国境を越えたインフラ整備で得意としてきたモデルだ。豊田通商は南スーダンからケニアへの石油パイプラインの敷設を検討している。

ブラジルやインドも中国と競り合う。ブラジル資源開発企業大手のヴァーレはモザンビークに21億ドル投じて石炭生産量を2倍の2200万トンに引き上げる計画。ブラジルは経済面で、ポルトガル語圏で主役となり、ヴァーレの視線も他言語圏に向かう。英語圏のザンビア銅鉱山などアフリカ各地に5年で70億ドル投じる計画だ。

インドは言語よりも自国へのアクセスを重視し、アラビア海を挟んで向き合うアフリカ東部に照準をあわせる。インド企業はモザンビークで26億ドル投じて天然ガスの権益を取得した。新たなプレーヤーの出現が地域を勢い付かせている。

ただ、旧宗主国のように深いつながりがないことは新興の弱点でもある。中国の投資案件は地元住民の反発を呼ぶことも多い。

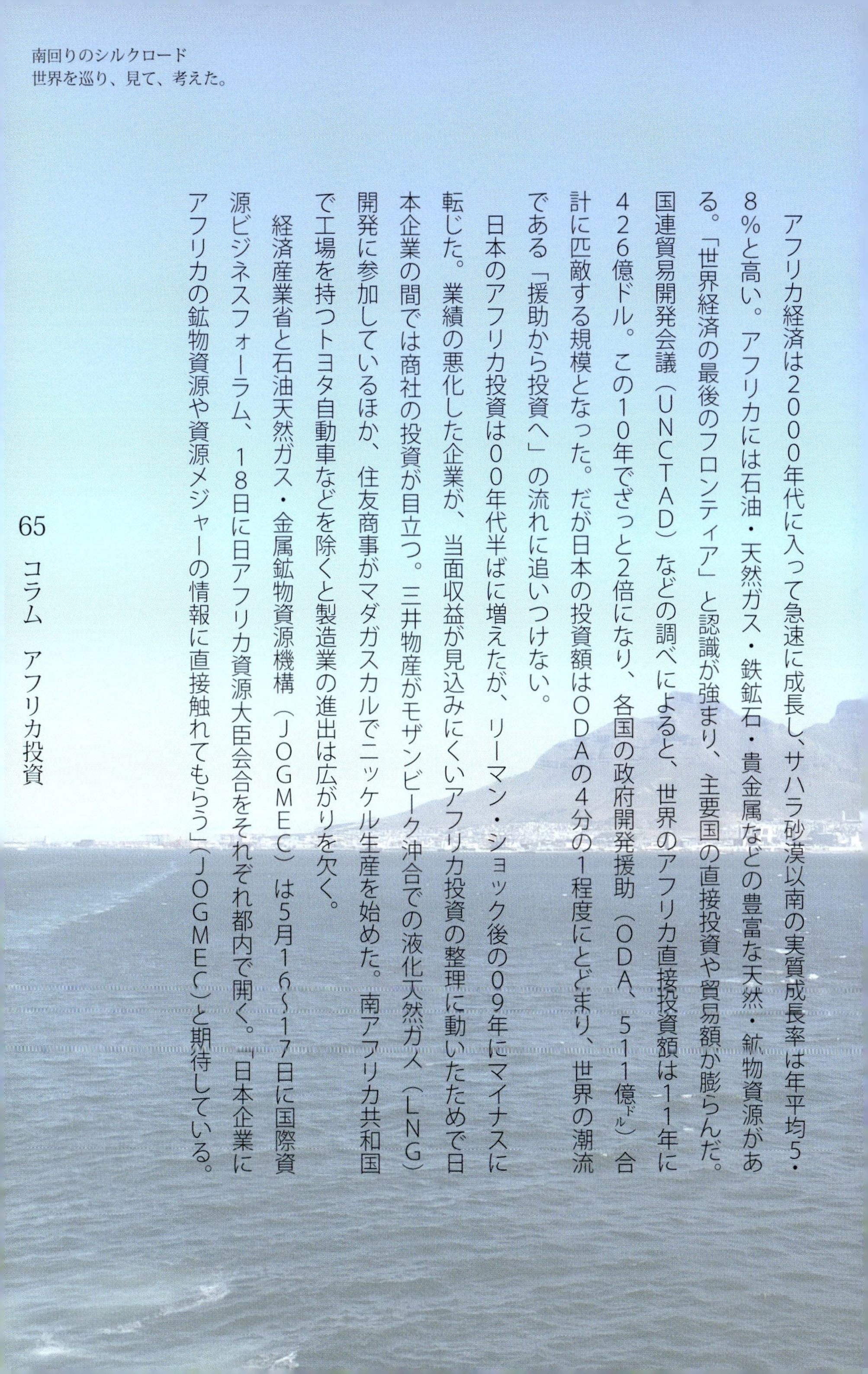

アフリカ経済は２０００年代に入って急速に成長し、サハラ砂漠以南の実質成長率は年平均５・８％と高い。アフリカには石油・天然ガス・鉄鉱石・貴金属などの豊富な天然・鉱物資源がある。「世界経済の最後のフロンティア」と認識が強まり、主要国の直接投資や貿易額が膨らんだ。国連貿易開発会議（ＵＮＣＴＡＤ）などの調べによると、世界のアフリカ直接投資額は１１年に４２６億ドル。この１０年でざっと2倍になり、各国の政府開発援助（ＯＤＡ、５１１億ドル）合計に匹敵する規模となった。だが日本の投資額はＯＤＡの４分の１程度にとどまり、世界の潮流である「援助から投資へ」の流れに追いつけない。

日本のアフリカ投資は００年代半ばに増えたが、リーマン・ショック後の０９年にマイナスに転じた。業績の悪化した企業が、当面収益が見込みにくいアフリカ投資の整理に動いたためで日本企業の間では商社の投資が目立つ。三井物産がモザンビーク沖合での液化天然ガス（ＬＮＧ）開発に参加しているほか、住友商事がマダガスカルでニッケル生産を始めた。南アフリカ共和国で工場を持つトヨタ自動車などを除くと製造業の進出は広がりを欠く。

経済産業省と石油天然ガス・金属鉱物資源機構（ＪＯＧＭＥＣ）は5月１６〜１７日に国際資源ビジネスフォーラム、１８日に日アフリカ資源大臣会合をそれぞれ都内で開く。「日本企業にアフリカの鉱物資源や資源メジャーの情報に直接触れてもらう」（ＪＯＧＭＥＣ）と期待している。

コラム　アフリカと鄭和艦隊

中国は明（第3代皇帝成祖永楽帝代）の時代、６００年前に鄭和艦隊がアフリカに友好親善の航海をしている。それはのちのヨーロッパ諸国が行った植民地侵略的なものでなかった。最近になって鄭和艦隊の大航海が世界的な関心事として浮上した決定的な契機は、イギリス人作家（イギリス海軍退役将校）ギャビン・メンジース（Ｇａｖｉｎ　Ｍｅｎｚｉｅｓ）の研究発表による。メンジースは２００１年、イギリス王立地理学会のシンポジウム、その翌年に出版され世界的なベストセラーになった著書『１４２１―中国が新大陸を発見した年』（邦題）で、明・永楽帝代の鄭和艦隊が、西洋の大航海時代よりはるか前に世界一周の大航海を行っていたという研究結果を発表した。鄭和の航海記録を再調査した結果、鄭和艦隊第6次航海が１４２１年３月から１４２３年１０月にかけて世界一周の航海を行ったというものだ。メンジースは１４年間にわたって世界各地の２００余りの図書館・博物館・そして鄭和艦隊の足跡が残されている各地を訪れて調査している。

実は鄭和艦隊による世界一周大航海に関してはメンジース以前にも１９７０年代から同様の主張から発表されていたが、西洋中心の学会では関心が持たれてこなかった。

メンジースの主張が世界的な関心ごとなったのには理由がある。メンジースは名の知られた学者ではないが、イギリス海軍の将校、潜水艦艦長出身であり、世界各地を直接航海した経験が豊富な人物であったからだ。メンジースは航海に関する知識が豊富で、季節ごとの世界の海の海流の流れ、風の特性を熟知していることはむろん、過去の航海術（鄭和艦隊は星の位置を測定して船の位置を計る六分儀を使用して航海した）地図製作術をよく知る人物だ。メンジースは、中世ヨーロッパの世界地図は鄭和艦隊の大航海の産物だと主張し、いくつかの地図を例にあげて、どの季節、どの時間、どの方向に航海して地図を制作したのか、また当時の海の状態まで具体的に説明している。

彼の説得力のある主張は世界的関心を呼び、彼の主張を支持する研究結果がその後、次々と登場している。テレビでも関連プログラムが放映され、ハリウッドでは彼の著作を映画化する映画製作権をすでに手に入れたという。しかし韓国の作家 徐鉉佑氏からみるとき、メンジースの著書の内容はすばらしいものがあるが、決定的な問題点があると感じられるという。それはほとんどの西洋人がそうであるように、東洋と中国を区分して見られないという点だ。つまり東洋の文化的成果はみな中国のものだと認識している、西洋人一般の視角から抜け出せないでいるということだ。

そのような問題点はあるものの、メンジースは鄭和艦隊による大航海以前の東洋の地理知識を説明しながら、その重要な根拠として朝鮮で制作された地図を上げている。

その地図とは「混一彊理歴代国都之図《こんいつきょうりれきだいこくとのず》」である。原本は存在せず、日本の龍谷大学1枚、それを模写した京都大学に2枚、長崎県島原市の本光寺に1枚、計4枚がある。韓国ソウル大学には龍谷大学の写本がある）という名の、１４０２年に李薈・李茂・金士衡によって制作され、権近の跋文書きされている地図、一般的には「混一彊理図」とよばれている。「混一彊理歴代国都之図」を見てみると、当時の中国の「識方世界観」がよく表現されていることが分る。中国と朝鮮を相対的に大きく描いているのに比べ、アフリカ、ヨーロッパは相対的に小さく描かれているからだ。またインド大陸は描かれていない。

この地図の驚くべき点は、メンジースが注目すように、アフリカ大陸の東西の海岸とヨーロッパ一帯が描かれているという点だ。この地図に描かれているアフリカを見てみると、経度の比率が正確ではないものの、東西の海岸の輪郭がはっきりと描かれている。またアフリカの地名が２５余カ所、ヨーロッパの地名が１００余ヵ所も記されている。

李朝建国から１０年目に製作された地図に、アフリカとヨーロッパの情報がこの程度でも記されているということは、当時の朝鮮の世界に関する知識水準の高さを示しており、海洋国家としての高麗を知る上で示唆するところも多いということができる。

「混一疆理歴代国都之図」は１９９２年、コロンブス最初のアメリカ大陸への航海５００周年を記念する行事で脚光をあび、またメンジースの著書でアフリカが描かれている世界最初の地図として紹介されている。前著の『海のシルクロードとコリア』（雄山閣刊）を参照されたい。

日程		行程／宿泊地
1月26日	午前	リオデジャネイロにて本船を下船
		コルコバードの丘観光
	午後	空路イグアスへ
		泊イグアス
1月27日	午前	世界遺産・ブラジル側のイグアスの滝観光
	午後	空路、ブエノスアイレスへ
		泊ブエノスアイレスへ
1月28日	朝	空路、ウシュアイアへ
	午後	南極船・ウシュアイア号へ乗船
		泊南極船
1月29日	終日	ドレーク海峡を通過
1月30日		泊南極船
1月31日 2月1日 2月2日	終日	南シェトランド諸島と南極半島へ
2月3日	終日	ドレーク海峡を通過
2月4日		泊南極船
2月5日	午前	ウシュアイア着　本船に合流

南米編

リオデジャネイロ

一月二六日（土）　リオデジャネイロ08：00入港。
午前、リオデジャネイロにて本船を下船。コルコバード丘観光。
午後、空路、イグアスへ。イグアス泊。

　世界三大美港で知られるリオデジャネイロはサンパウロに次ぐブラジル第2の都市で、世界的にも有名なカーニバルを筆頭に、有名な観光地がいくつもある、ブラジルを代表する都市である。ブラジル南東部、リオデジャネイロ州の都。グアナバ湾に面する。ふもとのコズメ・ベーリョから頂上まで登山電車で登る。頂上につくと、そこには巨大なキリスト像そびえ立つ。身長30m、広げた両腕が28mあるという。この像はブラジル独立100周年を記念して造られたもので、ニューヨークの自由の女神像と向かい合わせで立っている。展望台から見える白い砂浜

右、上）そびえ立つキリスト像
下）山頂からコルコバードの
海岸を望む

2013 年 1 月 27 日　ブラジル　イグアスの滝
爆音が聞こえ、森の間から見える白い煙は滝の水しぶきだ。
300 余の滝に分かれ膨大な数量をたたえる巨大な滝。

を有するコパカバーナやイパネマをはじめとする美しいビーチ、グアナバラ湾に面して立つ円錐形岩山ポン・デ・アスーカなど見渡すことができる。これは絶景であった。世界中から観光客を魅了してやまないリオデジャネイロは現在、人口700万を越え、一大都市を形成している。

この地は1960年まで首都で現在も一部の官庁はのこされている。リオの主要な経済活動は工業で、造船・金属・化学・食品工業などが行なわれている。1822年、ブラジル独立とともに首都。ノルデステ地方などからの国内移住により人口は急増し、近郊には「フラベーラ」と呼ばれるスラムが形成されている。

イグアスの滝

一月二七日（日）

午前、ブラジル側のイグアスの滝観光。陸路アルゼンチン。

午後、空路ブエノスアイレス。ブエノスアイレス泊。

サンパウロから西へ約８００㎞。ブラジルとアルゼンチン、パラグアイの国境近くに世界最大級の滝であるイグアスがある。もし地球が平らだったら世界の果てはこうなっているのではと思う。そんな気にさせる圧倒的な迫力は滝という言葉では言い表せないほどである。我々観光客は激流の間を歩道で渡り、目の前で奔流と向き合える。

イグアスの滝は全体の約2割がブラジル、約8割がアルゼンチンの領土にある。

アルゼンチン側から滝に近づくと、ドォーッという爆音がまず聞こえてくる。森の間から見える白い煙は滝の水しぶきだ。やがて何百もの滝が横に並ぶパノラマの光景が目に入ってくる。激流に浮かぶ橋を渡って滝つぼのすぐ近くまで行くと、水しぶきで視界が霞むほどだ。悠々とした川の流れが一気に滝つぼへと落下する光景は圧巻である。

バラナ川支流のイグアス川が幅４・５㎞にわたって、最高で約８０ｍ以上も落下する。岩や島で３００余の滝に分かれ巨大な水量が流れ落ち、その規模はナイアガラの滝より大きい。両国の国立公園になっており、１９８４年～１９８６年に両国の世界自然遺産として登録されている。ブラジル、アルゼンチンの有数の観光地である。

素晴しく雄大な滝である。イグアスとは先住民の言葉で「大量の水」ということばであるという。

ブエノスアイレス

何もなかった大草原に手が加えられてから4世紀半。南米にパリを求めた歴史は、南米にありながらヨーロッパらしくありたいアルゼンチン人がヨーロッパ風の町並みを造り上げてきた。そんなアルゼンチンの顔が一番よく出ているのが、やはり首都ブエノスアイレスだという。ほかの南米諸国からここにやってくると、ここが〝南米のパリ〟であることを今さらながら感じる。

本場のアルゼンチンタンゴをにぎやかな町の一角にある老舗のクラブで堪能する。素晴らしいものだった。私も若い頃、社交ダンスをたしなんだことがあったので、ことさらに興味深く、きびきびとして躍動感に満ちたアルゼンチンタンゴを感銘深く観賞する。

この街は、ラタ川河口の貿易港で、同国の政治・経済・交通・文化中心。パンパの農畜産物の積み出港。伝統的な冷凍産業や製粉・製糖業に加えて、金属・自動車・製油・製紙・食品・エレクトロニクスなどの工業が盛んである。

マヨ広場を中心に整然とした街路網をもつ。世界三大オペラハウスの一つコロン劇場がある。

詩　イグアスの滝

岩や滝で３００余の瀑布の
絶えまざる自然競演の大パノラマ
巨大領水七色の虹をくぐりぬけ流れ落ち
滝壺にくだけ散るしぶきわが身をぬらす
イグアス！イグアス！とインディオの
叫び声が遠くに聞こえる！

75 詩 イグアスの滝

大量水女神の恵み仰ぎ
かつて欧米の狂犬どもに
踏みにじまれしが
イグアスの巨大な瀑布が
蹴散らしてくれた！
恵みの神よ！
われらは再び蘇がえる！

コラム　アンデスの文明

南米の中央アンデス地帯に興った文明で、石期・古期・形成期・古典期・後古典期の5期に区分できる。アンデス地帯に人類が住むようになったのは約2万年前と推定され、狩猟 文化の存在が確認されている。それから前４０００年までを石期とよんでいる。古期（前４０００年〜前１８００年）の遺跡は海岸の砂漠地帯にみられ、原始的農耕地帯が見られ、原始的農耕と織物が現れる。コトシュウには前２０００年紀の石造神殿も見られる。

これに続いてトウモロコシをはじめとする灌漑設備による栽培と土器製作を伴う形成期（前１８００年〜西暦紀元前後）の文化が興り、中央アンデスの海岸、高地などでは食糧生産経済となり、ことに前9世紀ころ現れたチャビン文化は各地に影響を与えた。古典期（紀元前後ー７００年）には高い生産力と大人口をも社会が各地に成立する。神殿を中心に大きな都市をもち、身分・職業の分化がみられるモチカ文化、土器や織物の技術を高度に発達させた南部のナスカ文化、巨石建造物をもつティアワナコ文化やカハマルカ文化などがその典型。8世紀には中部高地南部に成立したワリ文化の拡大により新しい局面を迎え、その後のチムー文化、さらにインカによって強大な帝国がつくられ、１５３２年スペイン人に征服されるまでの期間を後古典期（７００年〜１５３２年）と呼ぶ。

コラム　南米事情　ブラジル

地球のちょうど反対側に日本の約２３倍という広大な国土がある。ここに世界中の民族・人種が集まり人種差別や宗教差別とはほとんど無縁に共生する、文字通りの多民族国家がある。自給自足可能な石油資源もあり今まさに飛躍する。それがブラジルである。

ブラジルには魅力あふれる観光地が多数ある、北に西ヨーロッパがすっぽり入るような雄大なアマゾン河が網の目のように広がり、大西洋岸には絵のような美しい都市リオデジャネイロ、ビルの林立する近代都市サンパウロ、世界遺産でも独特な古都サルバドル、レシフエ、内陸部にはローカル色豊かな地方都市を抱き、更に国の中心にユニークな未来都市首都ブラジリアがある。南には豊穣な大農業地帯と産業地域が広がり、アルゼンチン、パラグアイにまたがる世界一のイグアス大瀑布が美しい虹と大自然を誇っている。西には日本の北海道に匹敵しようというパンタナール大湿地帯がある。様々なこの国の形、魅力が私たちを旅に誘うのである。

南米の〝大国〟ブラジルにとって、２０１０年代は、国際的なプレイヤーとして基礎を固めする歴史的な段階にある。面積、人口でそれぞれ南米のおよそ五割を占め、ＧＤＰ（国内総生産）でみれば六割である。世界規模でみても、面積、人口は5位であり、ＧＤＰは２０１０年時点でイタリアを抜いて7位の位置に浮上し、２０１１年には英国を上回り6位となった。（ＩＭＦ統計でブラジル２兆４９２９億ドル、英国２兆４１７５ドル）。

大統領の口からも思わず「われわれは、先進国にもっとも近い位置に立つことが可能だ」との発言がもれてくる。

さらに新たにブラジルの大規模海底油田開発を本格的に推進する。

ブラジルの南東部沖合約にある大既望海底油田「プレサル」の開発権を巡る入札が２１日初めて実施され、ブラジルの国営石油会社ペトロブラスに加えて中・仏企業などのコンソーシアム（企業連合）が落札した。入札した鉱区の可採埋蔵量は８０億～１２０億バレルで、総投資額は四千億レアル（約１８兆）既望に上る。ブラジルはプレサの開発を本格的に推進し、産油量を現在の約2倍に拡大したい考えだ。

また、南部沖合の海底に位置する「ブラジル沖海底油田」への開発に注力しつつある。岩塩層の下に広がる油田。ポルトガル語で「塩の前」を意味する「プレサル」と呼ぶ。深海で元油を掘削するため高い技術力を必要とし、投資に見合う採算が取れるかどうかなどリスクも大きい。約１７０㎞の沖合にあり、水深約２０００ｍ岩塩層の下に油田帯が広がっている。

開発にはペトロブラスが全体の４０％を出資。残りを仏トータル英蘭ロイヤル・ダッチ・シェルが各２０％、中国石油天然気集団（ＣＮＰＣ）と中国海洋石油（ＣＮＯＯＣ）が各１０％を分担する。企業連合は初期の調査・開発費を控除した後、将来手にする利益の４１・６５％をブラジル政府に支払う。当初、入札には三井物産など十一社が参加を検討したが参加したのは落札した企業連合だけ。ブラジル政府が決めた最低の水準での落札となった。ルセフ大統領は「国民に多くの資産を与える。非常に満足している」と語った。英ＢＰによると、ブラジルの石油生産量は日量２１４万バレルに増やす計画で、順調に進めば現在の4位中国（４１５万バレル）に匹敵する規模になる。

コラム　南米事情　アルゼンチン

南米大陸南東部の共和国。スペイン語ではアルヘンテーナと呼ぶ。西部にアンデス山脈が南北に走り、山麓にステップと砂漠の地帯が続く。北東部にはチャコ、中東部パンパ南部は、パタゴニア。内陸部の乾燥地帯を除くと全般的気候に恵まれる。住民はスペイン、イタリア系の白人が大部分でスペイン語を話し、先住のインディオは2万～3万人。

農業、牧畜が行なわれ、小麦、トウモロコシが主産物。肉類の輸出では世界有数。羊毛、カゼインなども輸出する。近年工業化が進められている。

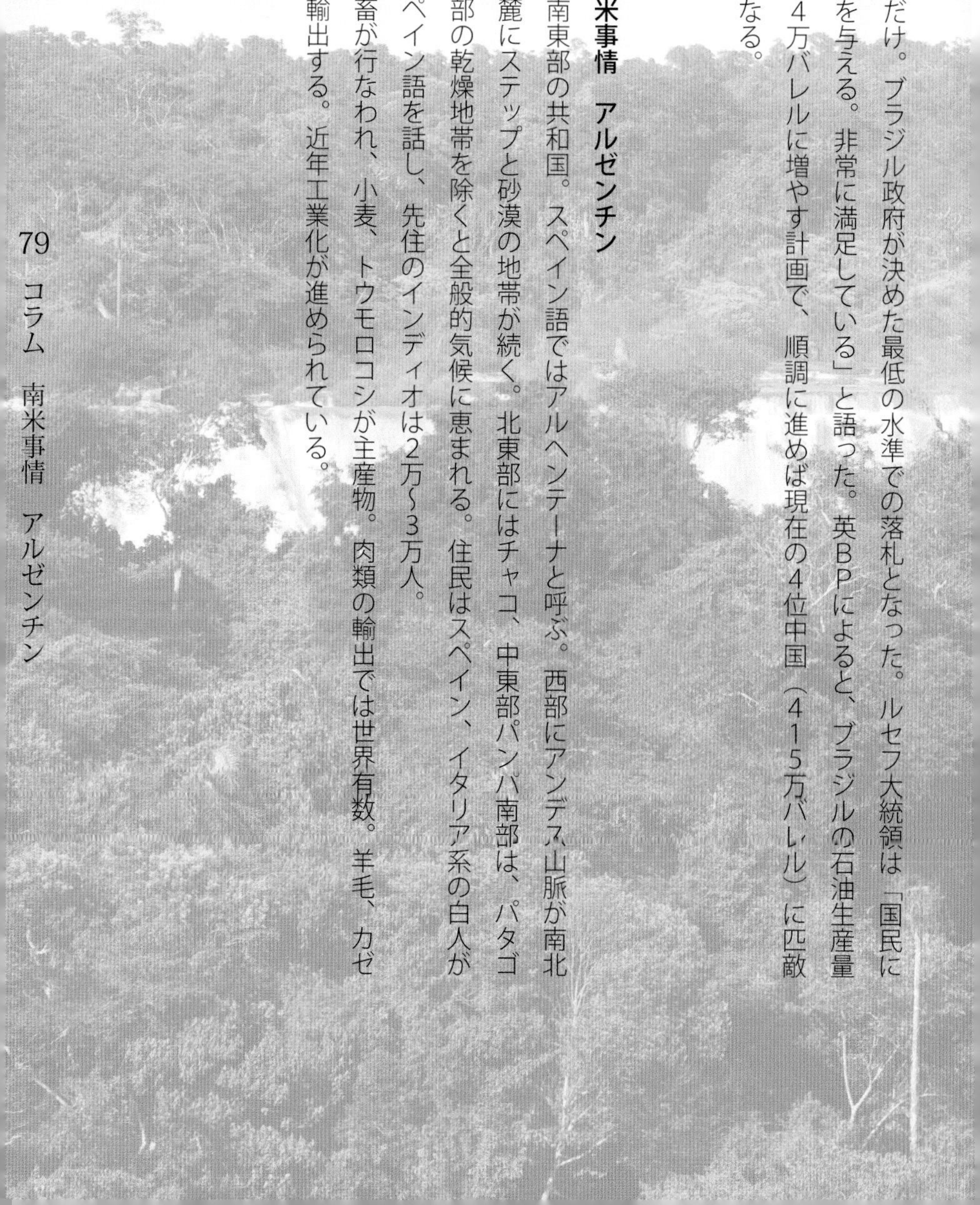

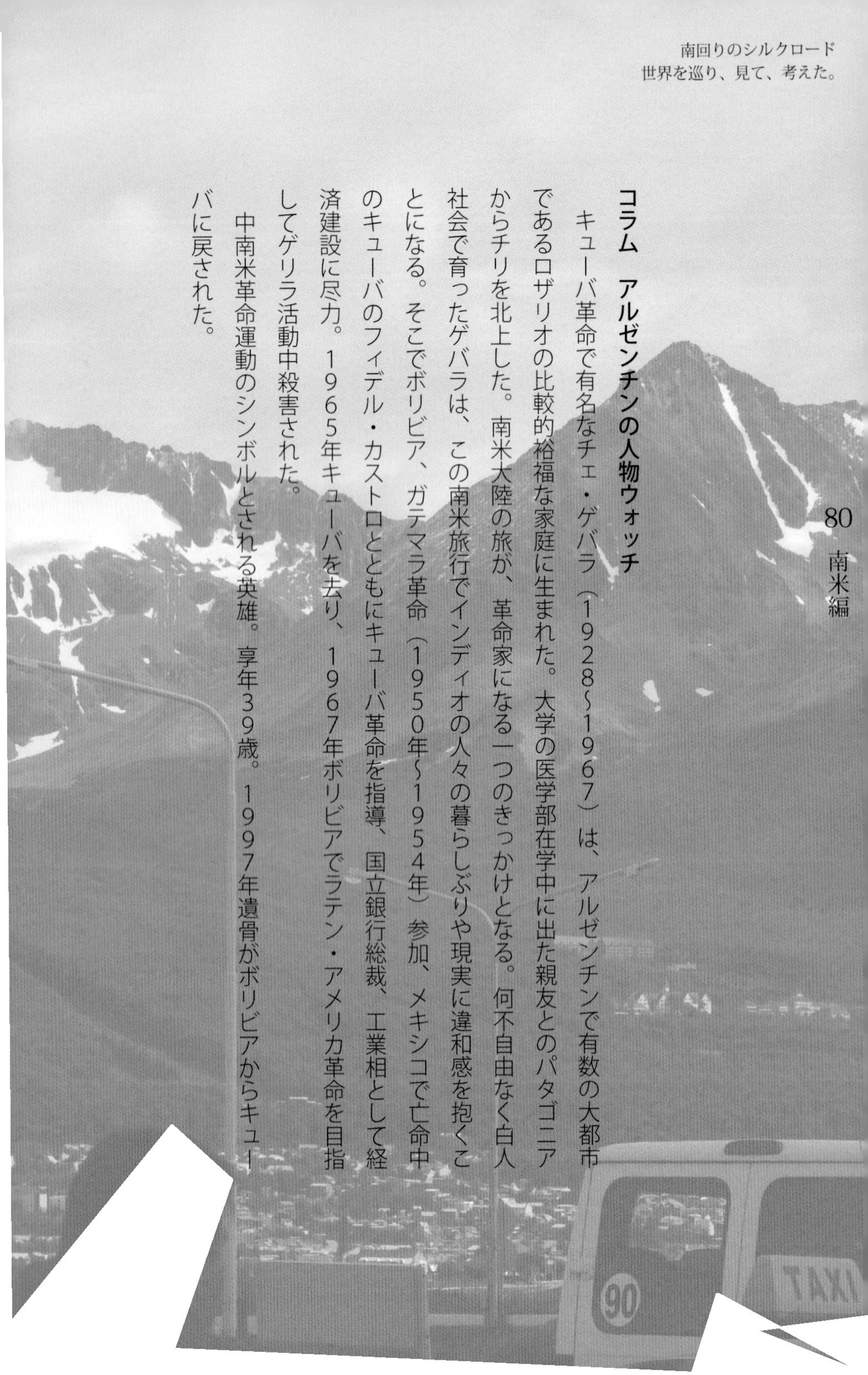

コラム　アルゼンチンの人物ウォッチ

キューバ革命で有名なチェ・ゲバラ（１９２８〜１９６７）は、アルゼンチンで有数の大都市であるロザリオの比較的裕福な家庭に生まれた。大学の医学部在学中に出た親友とのパタゴニアからチリを北上した。南米大陸の旅が、革命家になる一つのきっかけとなる。何不自由なく白人社会で育ったゲバラは、この南米旅行でインディオの人々の暮らしぶりや現実に違和感を抱くことになる。そこでボリビア、ガテマラ革命（１９５０年〜１９５４年）参加、メキシコで亡命中のキューバのフィデル・カストロとともにキューバ革命を指導、国立銀行総裁、工業相として経済建設に尽力。１９６５年キューバを去り、１９６７年ボリビアでラテン・アメリカ革命を目指してゲリラ活動中殺害された。

中南米革命運動のシンボルとされる英雄。享年３９歳。１９９７年遺骨がボリビアからキューバに戻された。

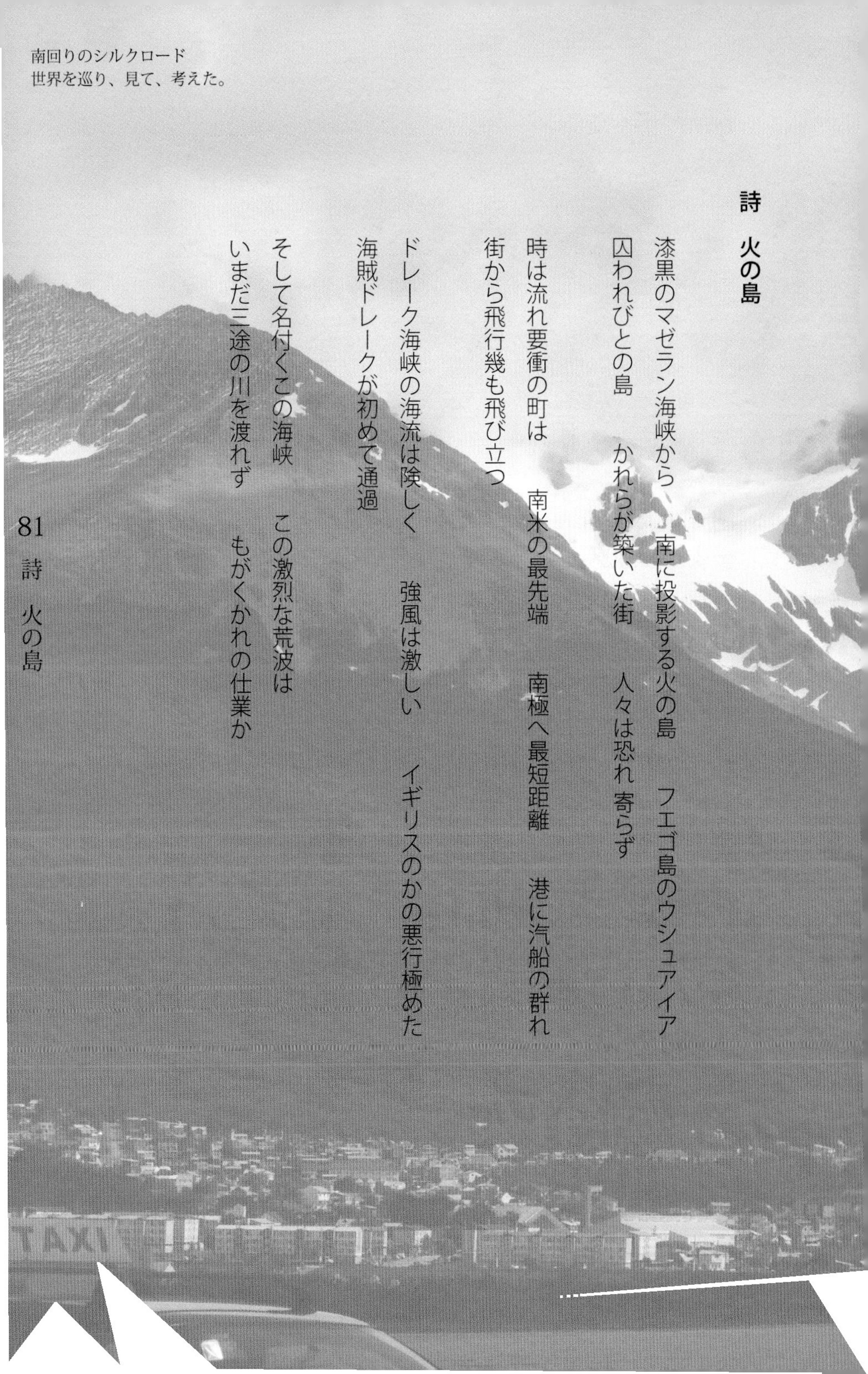

詩　火の島

漆黒のマゼラン海峡から　南に投影する火の島　フエゴ島のウシュアイア
囚われびとの島　かれらが築いた街　人々は恐れ 寄らず
時は流れ要衝の町は　南米の最先端　南極へ最短距離　港に汽船の群れ
街から飛行機も飛び立つ
ドレーク海峡の海流は険しく　強風は激しい　イギリスのかの悪行極めた
海賊ドレークが初めて通過
そして名付くこの海峡　この激烈な荒波は
いまだ三途の川を渡れず　もがくかれの仕業か

2013 年 1 月 28 日　アルゼンチン　ウシュアイア
港で南極に向かって行くウシュアイア号を探す。
何隻もの船を眺めていると、豪華なロシア船籍 2 万トン級の客船が停泊していた。

ウシュアイア

一月二八日（月）

午前、ブエノスアイレス　観光、空路、ウシュアイアへ。

15：00、南極船・ウシュアイア号乗船、船内泊。

かつてこの地を訪れた航海士マゼランが人びとの焚き火の灯りを見つけたことから「火の島」と名づけたフエゴ島。

東半分がアルゼンチン領、西半分がチリ領になっており、その最南端にあるのが港町ウシュアイア。町に面して広がるビーグル水道と雪を抱いた山並みが美しい。

この港町から、南極へ向かう船に乗り込む。行く手には、荒ぶる海峡であるドレーク海峡が待っている。

南極編

ドレーク海峡

一月二九日（火）

終日、ドレーク海峡通過、船内泊

南極に向かう船は、母港を由来とするウシュアイア号（３５００ｔ）である。乗船して、予約していた一等船室を見渡すと、日本船の一般的な水準からしても見劣りする気がした。パンフレットにある宣伝文句は立派だが、机も応接セットなどの家具はスチール製で趣がないものだった。

しかも、こうした家具が、後に私を困らせることになる。

南極までの航海は、荒れ狂うことで有名なドレーク海峡を突破しなくてはならない。南米最南端の岬、ケープホーンと南極半島の間、南緯５５度付近から６２度付近の極地特有の暴風圏内の海峡である。南極大陸まで距離にして約９７０㎞。東京から長崎の直線距離とだいたい同じくらい。かの有名なイギリスの航海者（大海賊としてのほうが有名）、キャプテン・ドレークが１５７７〜１５８０年代にかけての第2回の世界一周航海の際にこの海峡を発見した。〝地獄の海峡〟〝怒濤のドレーク海峡〟〝３６５日嵐の海〟等の名前が暗示するがごとくの海峡は常に天候が悪く、荒れていると言われている。約2日間かけて、この魔の海峡を越えるのだ。

出港して初日の夜半。「ガラン、ガラン」とした激しい音が耳に障った。起き上がり隣室の西川氏に声をかけたが、白波立つ波音に打ち消されて通じない。翌朝、彼に夜中の話をすると、ベッドが揺れ動いて眠れなかったと言う。朝食にやってきた乗客は、全体の3割程度。酷い船酔いになった人が多くいた。南極行きで意気揚々だった女性陣も全滅だった。気がつけば、船内の至る所に、エチケット袋がセロテープで貼られていた。あらゆる手すりにエチケット袋が貼られているのに気づくと、この航海の過酷さを思い知った。

朝食を終えて、自室に戻ると、飲み物のボトルや缶が転がっていた。冷蔵庫の蝶番が壊れていたらしく、船の激しい揺れでドアが開いてしまったようだ。修理を依頼するとアテンダントがやってきて、散らばったボトルなどを片付けながら蝶番を直していった。

2日目の夜は、大変な目にあった。南極に近づくにつれて揺れは激しくなり、件の家具類は盛大に暴れ出し、ベッドの上にも被さってくる家具もある有様だった。ベッドに潜り込んで耐えようにも、トイレに行きたくもなる。意を決してトイレに行っても、狭い空間で用を足そうとのものなら壁や水パイプにぶつかり打撲傷を負う始末だった。

一般の客室では、家具も無く、揺れで暴れ出すことは皆無だった。高価な一等船室を選びながら、結果として散々な目に遭うのだから皮肉であった。

2日間の生活の場である船。その揺れは日常生活にも支障があり、時には大けがを誘発するものだ。船内は狭く、階段も急なものばかりだから、移動するだけでも大変な目に遭う。食堂が2階にあるため、否応なく急な階段を使わなくては行けない。激しい揺れの中でも。階段から落ちて重傷を負い日本へ帰国する者や失神して医務室で過ごす者などが多発するのだ。バイキング形式の食事で、料理を取り分けに行こうとすると船が激しく揺れて、私も倒れて一瞬身動きが出来なかった。食堂の一角で座っていたが、続いて西川氏らが並んでいた5人もが倒れた。その後、船の食堂担当アルゼンチン人の給仕も倒れるという一幕もあった。これには皆が驚いた。いつもシャンソンを口ずさみながら両手で食べ物や飲み物を持って運ぶベテランであったからだ。

そんな苦行を思わせる船揺れが穏やかになる頃、遠くに氷河が見えてくる。そこがまさに南極だ！

南極大陸

一月三一日（木）

南極半島周辺には南シェトランド諸島とパルマ群島がある。探検ツアーに参加した。

Ｉパルマ群島周遊

①ハイドガックス

②クーバビル島

この島は、１８９７〜９９年にベルギーによる探検によって発見された島だ。島の名前は、フランス海軍副司令官の名にちなんでつけられた。この島を有名にするのがジェンツーペンギンのルッカリー（群れを成して子育てする場所）があり、それは南極でも最大級なことからである。１９９２〜９５にイギリスのケンブリッジ大学による人間（観光客）が彼らに与える影響を調査した。生息するジェンツーペンギンやトウゾクカモメにセンサーをつけ心拍数などを調査したのだ。結果として、南極で定められている観光客のルールを逸脱しなければ、大きな影響が無いそうである。

③ニコハーバー　南シェトランド諸島【南極船泊】

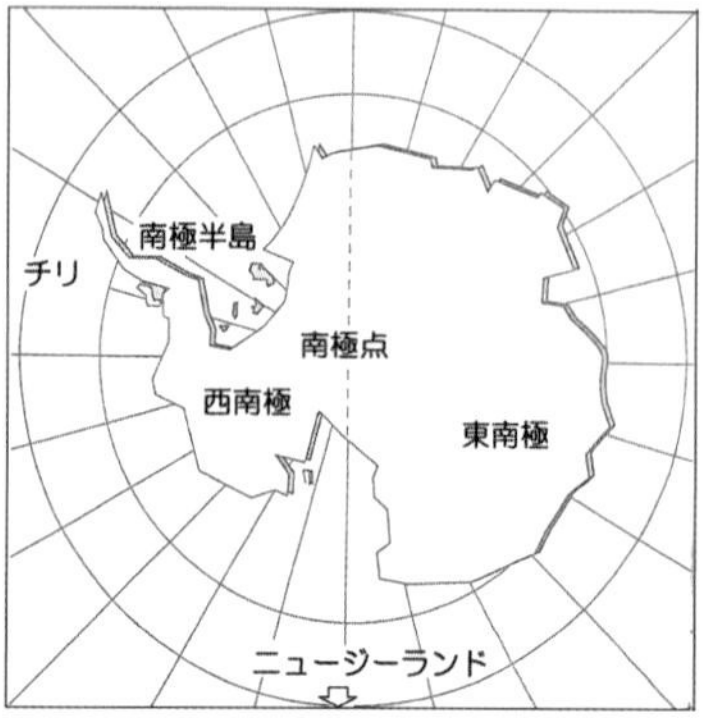

南極大陸図

氷河が海面に流れ出す風景がみられることで有名な湾。私が行った時には、残念ながら見ることができなかった。長い年月をかけて悠々と流れ出す氷河が、海に轟音とともに崩れる様子は見たいものだった。

二月一日（金）

④午前　ダンコ島　【南極船泊】

午前中は、ダンコ島に上陸。ペンギンが無愛想に出迎える。１０人ほどが乗れるボートに乗ってダンコ島に上陸。そして島の頂上まで登る。頂上から四方見渡すと素晴らしい氷河の世界が連なる。本船に戻るまで氷河群の間を観光。島周辺の氷河がいろんな形になって聳え立つ。その氷河の色といえば清らかな青々と彩り、見るに爽快感を憶える。その氷河群をぬってボートが行き来する。

⑤午後　ポートロックロイ郵便局（イギリス管轄）

ポートロックロイ島に上陸、ここは１９４０年イギリスの観測基地跡があり資料館になっている。

この島から二十歳半ばの綺麗なイギリス女性二人が南極の唯一の郵便局の

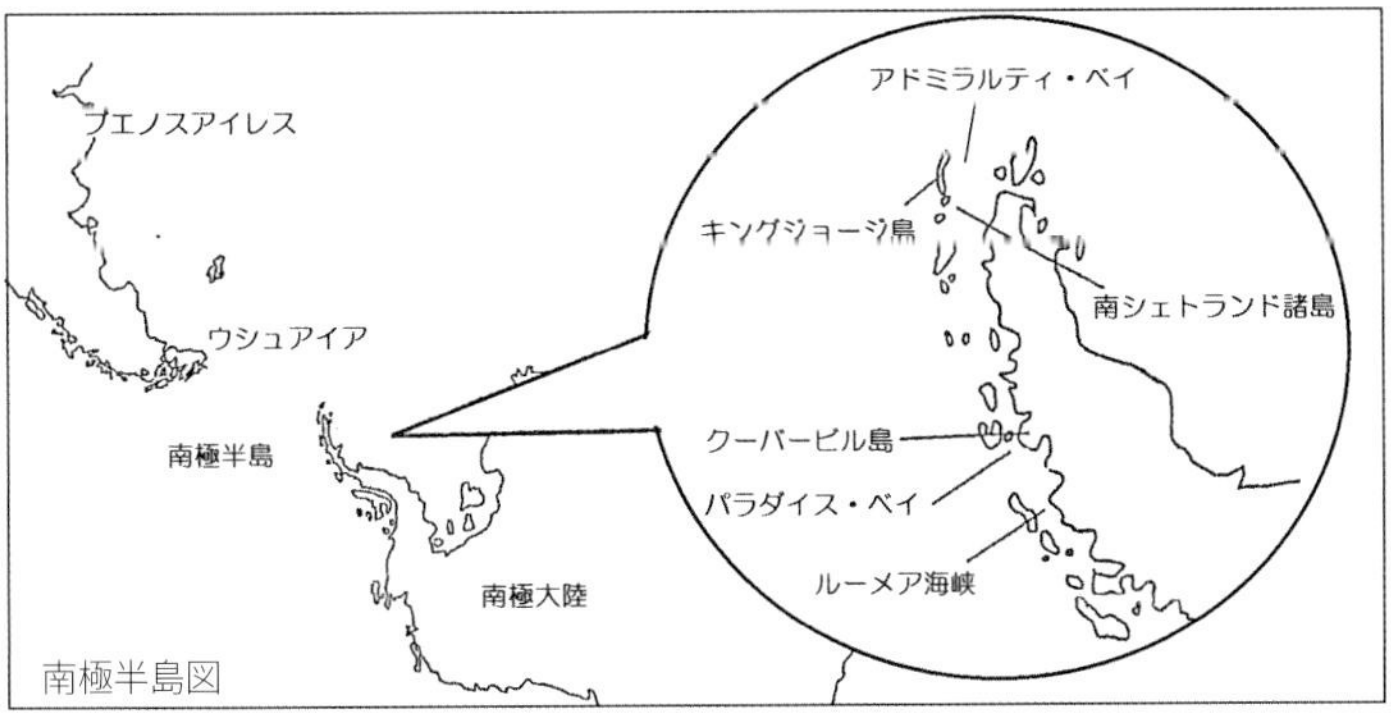

南極半島図

宣伝案内に来てくれた。話を聞くと現在女性４人が駐屯しており、年に３回ほど入れ替わり滞在しているという。郵便物は日本であればロンドン経由なので、日数はかかるが到着はするとのことだ。驚いたことに出迎えはペンギンだらけ、郵便局の周りも、彼女たちの宿舎あたりもペンギンだらけであり、その匂いもきつい。

郵便局は人で一杯であったが誕生日を迎える家内に絵葉書を。この郵便局のポストに投函する。この郵便物はイギリス本土に行き、大西洋を太平洋も渡り、そして日本へ届く。何日かかるのだろうか？

Ⅱ南シェトランド諸島周遊

二月二日（土）

⑥午後　ハーフムーン島

午前中は、火山島で温泉がでる場所（デセプション島）に行く予定が、入り江の波が高く危険なために中止となる。以前にここで温泉に入ったことがあると話す人たちもいたので、体験が出来なく残念でならない。

午後からハーフムーン島に上陸。大きなクジラの骨があった。

この小さな三日月状のハーフムーン島は、リビングストン島とグリーンウィッチ島の間に位置する長さ２㎞の島。この島にはヒゲペンギンのルッカリーがあり、オットセイやアオメウが生息している。この島の中央部にはアルゼンチンの基地（１９５３年設立）がある。

二月三日（日）　終日

ドレーク海峡通過【南極船泊】

帰りのドレーク海峡は、行きよりも波浪は優しいものになっているような気がした。慣れもあったかもしれない。しかし、夜半から暴風となり、再度船室の家具が動き回り悩まされ、再び苦しい夜となった。

二月四日（月）　終日

ドレーク海峡通過【南極船泊】

ドレーク海峡にて朝食。相変わらず波が高く揺れが激しい。食堂で倒れる人も多く、私も打撲を負い痛み止めと湿布で治療をした。この日の午後からビーグル水道に入り高波がおさまり快適な船旅となった。満身創痍には変わらないが。

二月五日（火）

午前　ウシュアイア着

ウシュアイア号にて朝食。手続きを済ませて、ようやく本船（オーシャンドリーム号）に乗船する。まるで我が家に帰ってきた感覚を覚えた。

詩　南極　1

南極にいたる道程は厳しい
もっとも近いウシュアイア港から
行き来4日間のドレーク海峡
荒海は堪えがたい
船は枯葉ように漂う
わが身は打撲・転倒、満身創痍
これこそ地獄の三丁目あたりか ひどい！
南極へのファンタジーは傷つき壊れた
だが辿り着いた南極は穏やかな小春日和！
雪世界はこよなく静かで素朴な佇まい
ペンギンやオットセイの群れが彩る別世界
おお南極！南極よ！われ来り！
叫べどもわめけども馬耳東風
こだまも聞こえず

愛想のよい出迎え有り難う。
仲間たちは無愛想が多いがはるばる世俗から万里の海を渡って来たわれに一瞥もなし。

人間ども騒ぎすぎと言わんばかりに
天空の神々しい半月がわれを見下ろす

詩　郵便　ポスト

南極唯一の郵便局　ポストに
わが愛妻 慶愛へ　寸書投函する
慶愛よ！
誕生日おめでとう！
昔も今も
明日からも
変わりなく
君を愛する！
地の果て南極の夜空を仰ぎ叫ぶ！

海の王者の屍、漂白したような白い亡骸。
おれも南極育ち、海で終えるのもよいが、南極の大地を枕にして終えた。

詩　南極　2

白い世界 冷たい世界
小春日和に 仰天！
孤独な世界
ペンギンの世界
別世界
衛星に似た世界

南極と別れる前夜
レモン色の明るい半月が満天を照らす
強風が口笛吹き飛び去る
遥けし果ての遠い世界
永遠の別れ！
さらば！南極
さらば！地球の衛星

2013 年 2 月 1 日　南極
初めて見る南極半島。穏やかな小春日和、ウシュアイア号から降りて、ボートに乗り込んで南極半島の島々を巡る。

南極大陸（漢詩五言絶句）

風浪航海峡　氷河映蒼空
水邊春流岸　南極直静佇

〔意訳〕
激烈な風浪の海峡を渡る
蒼い空は氷河に映える
岸辺に春気運流れ
世間は喧噪なれども
南極は ただ 静粛なり

2013年2月2日　南極
いつもご苦労さん！いつ見てもあそこに停泊中。
我々ペンギンを守るためかは知らないが、あれはアルゼンチン警備艇。

コラム　南極という場所の話

そもそも「南極」とは、どこを言うのか。狭義では「南極点」となる。南緯９０度の地点で、地球の最南端。だからここに立つと、どこを向いても北を向いていることになる。またコンパス（方位磁石）をつかえば、針は垂直に立とうとする。ただし、磁石の針が示す「南磁極」は、南極点とズレがあり一致していない。２００８年に観測されたデータによると南磁極は南緯６４・５度、東経１３７・６度である。南極点から北へズレているのである。しかもこの南磁極は、毎日変化していて年間で１０㎞も北西から北方向へ移動するのだ。

天文学の知見からなれば南緯６６・５度から南を、南極条約では南緯６０度より南を「南極」としている。一日中太陽が出ている「白夜」、逆に全くでてこない「極夜」と、極地ならでは現象が見られる。南極条約では、南極地域はどこの国にも属さない土地となっている。国籍がない大陸なのだ。またこの条約では「平和利用」を掲げている。

日本も参加している極地観測。極寒の地ならではの研究がなされている。

４０００ｍの氷床の下に湖がある。ボストーク湖と言われる湖の直上の氷から細菌が発見された。光が届かず、低温高圧の環境に生命が発見されたのだ。こうした環境は太陽系の地球外環境でも観測されている。代表的なのは、土星の衛星（タイタン）や木星の衛星（エウロパ）だ。こうした星に生命の予感をさせるのだ。

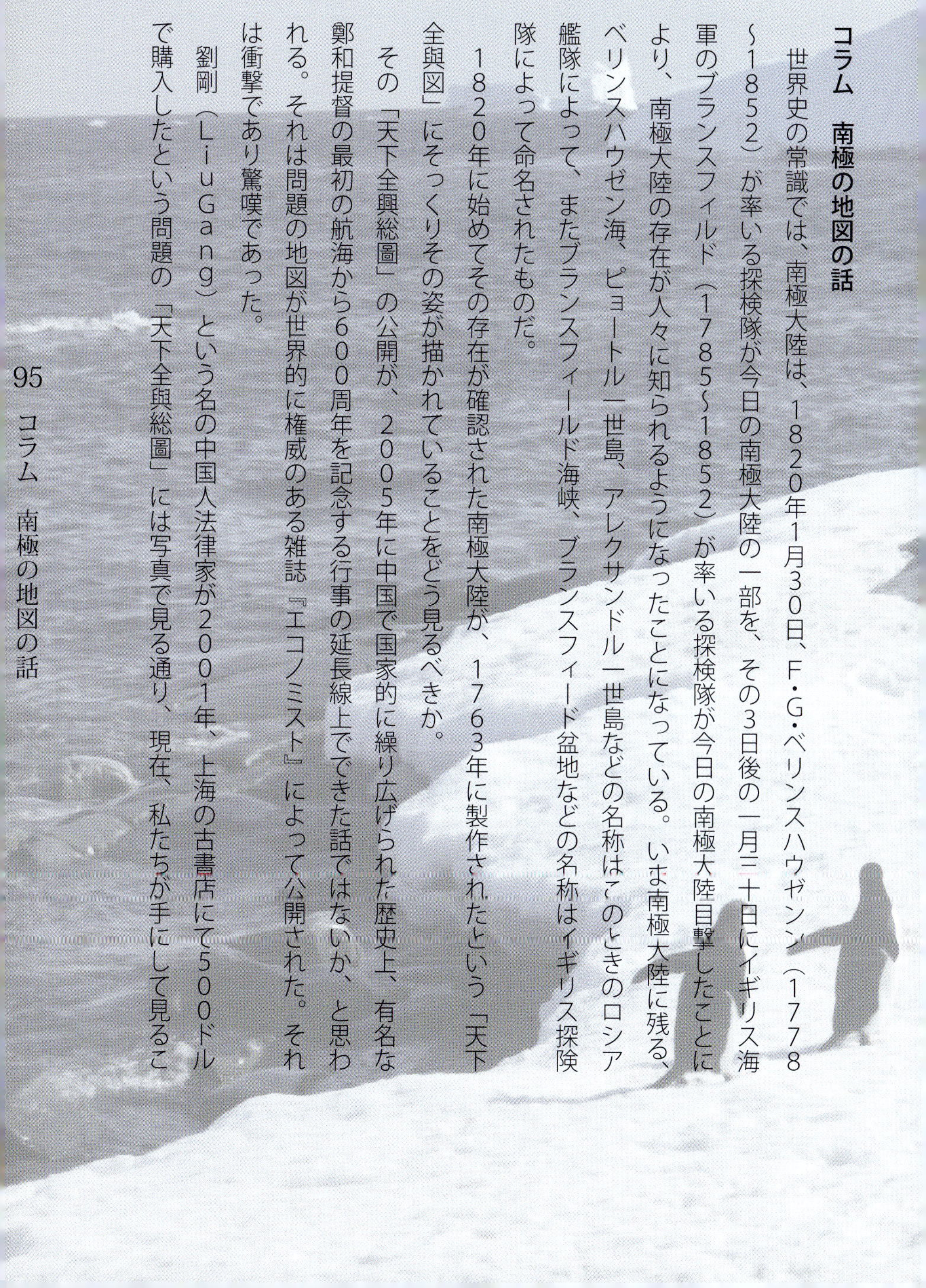

コラム　南極の地図の話

世界史の常識では、南極大陸は、１８２０年１月３０日、Ｆ・Ｇ・ベリンスハウゼン（１７７８～１８５２）が率いる探検隊が今日の南極大陸の一部を、その３日後の一月三十日にイギリス海軍のブランスフィルド（１７８５～１８５２）が率いる探検隊が今日の南極大陸目撃したことにより、南極大陸の存在が人々に知られるようになったことになっている。いま南極大陸に残る、ベリンスハウゼン海、ピョートル一世島、アレクサンドル一世島などの名称はこのときのロシア艦隊によって、またブランスフィールド海峡、ブランスフィード盆地などの名称はイギリス探険隊によって命名されたものだ。

１８２０年に始めてその存在が確認された南極大陸が、１７６３年に製作されたという「天下全輿図」にそっくりその姿が描かれていることをどう見るべきか。

その「天下全輿総圖」の公開が、２００５年に中国で国家的に繰り広げられた歴史上、有名な鄭和提督の最初の航海から６００周年を記念する行事の延長線上でできた話ではないか、と思われる。それは問題の地図が世界的に権威のある雑誌『エコノミスト』によって公開された。それは衝撃であり驚嘆であった。

劉剛（ＬｉｕＧａｎｇ）という名の中国人法律家が２００１年、上海の古書店にて５００ドルで購入したという問題の「天下全輿総圖」には写真で見る通り、現在、私たちが手にして見ることのできる世界地図の地形がほとんど描かれている。余白に書かれている卜書きによれば、この地図の制作年度は清国中期の１７６３年、そして１４１８年に製作された「天下諸審識貢図」という原本地図を筆写したものであるという。驚きを禁じ得ない！

韓国の作家徐鉉佑氏は次のように書いている。「これが事実であるならば、まさしく、世界史を新しく書き直さなければならないことになる。コロンブスによるアメリカ大陸への航海、それにはじまるいわゆる大航海時代が西洋に与えたさまざまな「最初」というタイトルをみな返納しなければならない。歴史を振り返ってみれば、独善主義中世ヨーロッパの拡張、それに基づき展開された産業革命、そして近代帝国主義を生んだ彼らの傲慢と独善、暴力は、その底辺にコロンブスに象徴される歴史上「最初」という、優越観念が置かれていることを知ることはむずかしいことではない」。

（張允植『海のシルクロードとコリア』雄山閣刊）

半島のいずこの島々も毎日白い氷山から事欠かず、
日暮れの夕焼け空のピンク色に衣替えして染まる。誰見ずとも。

おごそかに夜の帳がおりて、夜空に吊した灯籠のような金色の半月が天空を照す。
永遠の別れ、さらば南極よ！

南米西海岸諸国編

パタゴニア・フィヨルド

二月六日（水）

南極から戻りウシュアイアからプタ・アレナスに向う途中、パタゴニア・フィヨルドを遊覧することになった。船長の配慮だと聞く。パタゴニアは南米大陸の南端。アンデス山脈東麓の東パタゴニア（アルゼンチン領）は半砂漠の大地できわめて乾燥している。２０世紀初め、油田が発見され、天然ガス、石炭、水力の開発も進んでいる。牧羊が行われる。

西パタゴニア（チリ領）は多雨で、多島海をもち氷陸地帯が広がる。南極まで１０００㎞に位置するビークル水道で、雨に煙るなかフィヨルド遊覧をするが雄大な自然と険しい山々が織りなす美しい風景は素晴らしい。

フィヨルドを遊覧しながら、７年前のノルウェー・フィヨ

日程		行程／宿泊地
2月7日	午前	ブンタアレナスにて本船を下船
	午後	ブンタアレナス観光
2月8日	終日	空路グアヤキルへ
		泊グアヤギルのホテル
2月9日	午前	グアヤキル観光
	午後	空路キトへ
		泊キト市内のホテル
2月10日	午前	世界遺産のキト旧市街地観光
	午後	赤道記念碑観光
		泊キト市内のホテル
2月11日	朝	空路ガラパゴスへ
	午前	ガラパゴス諸島クルーズ船・レジェンド号に乗船
	午後	サンタクルス島にてゾウガメ観察など
		泊レジェンド号
2月12日	午前	サンティアゴ島上陸
	午後	ノースセイモア島にてグンカン鳥観察など
		泊レジェンド号

ルドを思い出した。ノルウェイのフィヨルドは、世界最大の規模であり世界遺産に登録されている。その時、遊覧したソグネフィヨルドは、外洋からフィヨルドの奥までで２０４㎞で水深が１３０８ｍもある。のどかなムーミン谷のような風景があれば、氷河切り裂いた垂直に切り立つ断崖絶壁、轟音とともに流れ落ちる滝…白夜の季節と相まって「氷河期の贈り物」と感じ入ったことを懐かしく思った。

二月七日（木）
午前、プンタ・アレナスにて本船を下船。
午後、プンタ・アレナス観光（アルマス広場など）市内のホテル泊。
　南極調査船、観光船の基地。フリ・ゾンが設けられ、商業も元気で、周辺の石油採掘の拠点でもある。

2月13日	午前	サンタクルス島ドラゴンヒル上陸
	午後	バルトロメ島にてガラパゴスペンギン観察など
		泊レジェンド号
2月14日	午前	サンタクルス島チャールズダーウィン研究所見学
	午後	ガラパゴスの森再生プロジェクト、植林活動に参加
2月15日	午前	空路リマへ
	夜	着後、ホテルにチェックイン
		泊リマ市内のホテル
2月16日	午前	自由行動
	午後	リマ旧市街地観光
		泊リマ市内のホテル
2月17日	朝	空路クスコへ
	午前	クスコ市内観光
	午後	クスコ周辺遺跡観光、陸路ウルバンバへ
		泊ウルバンバのホテル
2月18日	朝	陸路マチュピチュへ。マチュピチュ遺跡観光
	午後	陸路ウルバンバへ
		泊ウルバンバのホテル
2月19日	朝	陸路クスコへ
	午前	空路リマへ

二月八日（金）
終日、空路でエクアドルへ。グアヤキルのホテル泊。
所要時間１０時間、サンティアゴ空港乗り継ぎにて赴く。
グアヤキルは、南米、エクアドル南西部、太平洋岸の港湾都市。同国最大の商業と工業の中心地域で、１９２２年以来、首都キトの人口は上回っている。１９１８年野口英世が高熱病調査のため立ち寄っている。「野口英世通り」と地名にもなっている。車窓観光で通過した。

二月九日（土）
エクアドル南西部、太平洋岸の港湾都市。同国最大の商業工業都市で、１９２２年以来、首都キトの人口を上回っている。１９５３年に建設されて、パナマの中継地として栄えた。

二月十日（日）
午前、世界遺産のキト旧市街観光。
午後、赤道記念碑観光、キト市内ホテル泊。
南米、エクアドルの首都。ほぼ赤道直下、ピチンチャ火山東麓。標高２８５０ｍの高地にあり、常夏の高山気候。インカ帝国の第２の都市として栄えていたが、１５３３年スペイン人に征服された。植民地時代の教会建築物が多く、1978年ユネスコの世界文化遺産に登録された。赤道直下にあることを示す記念碑を訪れた。南極から赤道までやってきたことを思うと万感になる。

ガラパゴス

二月十一日（月）
朝、空路ガラパゴスへ、レジェンド号泊。
午前、ガラパゴス諸島クルーズ船・レジェンド号に乗船。
午後、ガラパゴス島に上陸。

ガラパゴス諸島に上陸。1835年にチャールズ・ダーウィンが動植物の調査研究を行い『種の起源』『ビーグル号航海記』にて成果がまとめられているのはご存じのとおり。南米エクアドル、西方約1000平方㎞、太平洋上にある同国領の火山性諸島。主島はイサ腫動植物が多く、同島固有の種および亜種としてゾウガメ、ウミトカゲ、オオトカゲ、ガラパゴスペンギン、ダーウィンフィンチなどが生息する。

一説によると野生ゾウガメがこの島に4千頭もいると言われたが、実際見たのは3頭ぐらいである。残りは山中にいるとのことだが、にわかに信じがたい思いだ。

二月十二日（火）
午前、サンティアゴ島上陸　午後ノースセモア島。グンガン鳥観察など。レジェンド号泊。

二月一三日（水）

午前、サンタ・クルス島ドラゴンヒル上陸。

午後、パルトメルメ島ガラパゴスペンギン観察など。レジェンド号泊。

　午前中に２００ｍほどの小山に登る。特別何かがあるという山でない。散歩コースのようだ。疲れていたが頂上に登り、島周辺の素敵な景色を眺めて山を降りる。

　午後にはパルトメルメ島ガラパゴスペンギン観察などするが、島の上陸のときに岩礁からすべり、腰を強く打撲する。南極での打撲と相まって、帰還後も長らく後遺症がのこる。

二月十四日（木）
午前、サンタ・クルス島・チャールズ・ダーウィン研究所見学。
午後、ガラパゴスの森再生プロジェクトに参加。サンタ・クルス島のホテル泊。
　ダーウィン研究所を見学したが、研究活動の様子は見られなかった。午後からはは、ガラパゴスの日本人のボランティアだけの再生プロジェクト（森の植林活動）があった。私は腰痛のためバスで待機するが、スコップを担いで、植林をして帰えってきた皆が、暑くて疲れたと言いながらバスに戻ってきた。島巡りのツアーであったが、行く島々で歩き回り疲労困憊となった。

二月十五日（金）
午前空路でリマへ。キト空港乗り継ぎ。
夜、キト着、リマ市内のホテル泊。
ここではバスで火山中腹まで行き死火山景色を見ながらしばし休憩をとる。高山気候にあるピチンチャ火山は、赤道近くとは言え、春のような気候で過ごしやすい場所だった。

二月十六日（土）
午前、自由行動。
午後、世界遺産リマ旧市街（アルマス広場、カテドラル外観など）リマ市内のホテル泊。
車窓で、世界遺産リマ旧市街に、太平洋に注ぐリマック河口付近やアルマス広場を中心とする旧市街とサン・マルティン広場を中心とする新市街は対照的であった。郊外には新興住宅地がある。その外側は「バリアーム」と呼ばれるスラム街が形成されていた。市内観光しながら、外港のカヤオと連続した町並みは、広々として立派な風景で印象深いものになった。

クスコ

二月十七日（日）

朝、飛行機にてクスコへ。

午前、世界遺産クスコ市内観光（サントミンゴ教会、コリカンチャ、１２角の石など）。

午後、クスコ周辺遺跡観光（サクサイワマン遺跡など）。

　南米、ペルー東部、同県名の県都。アンデス山脈中、標高３４５７ｍあり、商業・観光都市で、１５３３年F・ピサロに征服され、新市街がインカ都市の上に建設されたため、市内に「太陽神殿」やペサクサワマン城塞などの遺跡がみられる一方、アルマス広場を中心に植民地時代の建造物が多い。１９８３年世界文化遺産に登録。クスコ観光あとで、バスでウルバンバへ。

　ホテルで夕食時に身体が動かず倒れる。救急車でウルバンバの診療所に運ばれ救急処置をして一泊したがレントゲンの設備がないため、クスコの中央病院に運ばれたのだが険しい山道で車が揺れまくって大変であった。

二月十八日（月）
朝、バスと列車を乗り継ぎマチュピチュへ。
　ウルバンバのホテル泊マチュピチュ病院入院中のため残念ながら行けず。それでも、マチュピチュについてお

105
クスコ

2013年2月15日　ペルー　クスコ市街
カラフルな商業・観光都市。
インカ帝国の首都。世界遺産クスコ太陽神殿やサクサマワン城塞などの遺跡あり。

2013 年 2 月 15 日　ペルー　マチュピチュ
最も人気を呼ぶ、訪れてみたい「空中都市」マチュピチュ。
インカ時代の都市遺跡。ユネスコ世界文化遺産に登録。

さらいをしておこう。１９８３年世界遺産に登録、歴史保護区として同年に世界文化遺産にも登録されている。

ペルー南部、クスコの北西部約７０㎞にある。インカ時代の都市遺跡。ウルバンバ川に近い標高２５００ｍの高地に築かれた計画都市。神殿、宮殿、住居地など約5平方㎞。スペイン人占領をマチュピチュはまぬがれたが長年放置され、１９１１年。アメリカの探検隊ハイム・ヒンガムが発見した。現在はペルー有数の観光地で、１９８３年世界文化遺産に登録された。

二月十九日（火）

朝、バスにてクスコへ。

午前、飛行機でリマへ。リマ市の病院で受診。一泊入院。

クスコの病院での診察で、高山病と肺気腫の併発だといわれた。１５年前にチベット・ラサで倒れた時と同じ症状であった。その時はラサで四日間、救急病院に入院したことがある。

通常、飛行機は病人を乗せないとのことだ。が、現地案内人や同行の仲間たちのお陰で、介助人とともにビジネスクラスに乗ることができた。ありがとう。

カヤオにて本船に合流。診察室で船医長に診察受ける。船医長いわくクルージングの2ヶ月半前に癌手術した体と高齢にもかかわらず、１０２日のオプショナル・ツアーに参加し、なお２４日間立て続けに旅をしたのは、あまりも無謀であり無茶であると厳重に説教された。約一週間、船の診療所通いをする。この結果、マチュピチュ遺跡観光ができなかったことは残念であった。

二月二〇日（水）
終日、カヤオ観光（二一日に出港）。
　リマ郊外新興住宅地外に農村から流入する人々が住みついて、「バリアーダ」と呼ばれるスラムが形成されている。外港のカヤオとは市街地が連続している。１５３５年ピサロの建設以来、スペイン植民地の首都。１８２１年ペルーが独立するとともに首都。歴史地区には１９８８年世界文化遺産に登録。

イースター島・チリ

二月二八日（木）
朝、イースター島沖錨泊。アナケナビーチ。　夜、イースター島沖発。
　水平線を真紅に染め、大きな太陽が彼方に沈んでゆく。やがて天空に南十字星が輝き、流れ星がひとつまたひとつ流れ出す。幾百年もの間、この空を見つめてきたモアイ像である。南太平洋、南緯２７度、西経１０９度にあるチリ領の孤島。名は１７２２年復活祭の日にオランダ人ロッへフェーンが到達したことにちなむ。ラパ・ニュイ（Ｒａｐａ．Ｎｕｉ）島ともいう。火山で樹木がなく牧羊地になっている。ポリネシア系かメラネシア系か未知の先住民の人面巨石像（モアイ）、石碑などの遺跡や未解読の文字で知られ、遺跡保存のための国立公園に指定されている。１９９５年、日本の民間協力でモアイ像の修復工事が行われた。同年世界文化遺産に登録。

白い砂浜と椰子の木が茂るアナケナビーチ、透き通る海と青い空を眺め大海原の波風の砂塵を浴びながら巨漢のモアイの素朴でひょうきんな佇まいに親近感を覚える。

パペーテ・タヒチ

三月九日（土）

早朝、入港。夜、出港。

タヒチ島フランス領ポリネシアの中心をなす島。入島した島内のパペーテは南太平洋の拡大な海域に１１８の島々からなるフランス領ポリネシア、ソシエテ諸島の首都。

ソシエテ諸島東部に位置する。二つの火山島がタラバオ地

2013 年 2 月 15 日　チリ　イースター島
イースター島最大の 15 体のモアイが並ぶアフ・トンガリキ。
地元の人たちに人気のアナケイビーチにある。

峡でつながり、全体が山がちで、周囲をサンゴ礁が取り巻く。住民は、ポリネシア人系のマオヒ人、混血、ヨーロッパ系、中国系など首都パペーテにはフランス領ポリネシア全体の行政・商業機能が集中している。近郊に国際空港がある。タヒチ島の人口はフランス領ポリネシア人の3分の2を占める。観光開発が盛んであるが、物価高でも知られる。1767年年ころヨーロッパ人が始めて来航し、以降彼らはタヒチに〈理想郷〉のイメージを抱いた。映画にもなった1788年に英国船バウンティ号の反乱者たちは割拠する首長たちの抗争を終わらせ、全島の政治的統一に関わった。また1847年フランス保護領となり、1880年植民地とされた。ゴーギャンがこの地で多くの名画を残した。太平洋核実験センター（CEP）事務局の所在地で、1995年、ムルロア環礁での核実験再開に際して反フランス運動が高揚した。

2013年3月9日　フランス領タヒチ　モーレア島
「南洋の楽園」というイメージの一方で、
独立と自治、核実験などフランス統治下で種々の問題を抱える。

コラム　南米事情　ウルグアイ

国名はリオ・デ・ラ・プラタ盆地を形成しているウルグアイ川にちなんで命名された。「ウルグアイ」の語源はグアラニー語で「鳥の棲む川」を意味している。ブラジルとアルゼンチンに囲まれたウルグアイは、ラ・プラタ川流域の肥沃で拡大なパンパ（草原地帯）にある。平均標高は１００ｍと全体的に平坦、最も高いカテドラルナ山でも５００ｍほどしかない。国土は日本の半分の広さ。人口は約３４０万人の小国だ。

全般に波状の低い丘陵地をなし、草原が多い。気候は亜熱帯性で温暖。住民はスペイン、イタリア系が主で、先住民は少ない。国土の８７％が農牧畜業に利用され、うち９０％牧畜に利用。牛、羊が最も重要で、小麦、亜麻仁油、トウモロコシなど主要農産物。工業は食品加工（缶詰）、織物など。スペイン、ポルトガルの植民地支配後も大国の思惑に翻弄されてきたが。１８２８年独立を果たすも政情は安定せず、１９００年代にようやく安定の兆しがみえるもなお不安定が続き、１９８５年、ようやく民政へと移行。現在世情は一応の安定をみせている。

コラム　南米事情　モンテビデオ

大西洋にそそぐラ・プラタ川の河口に発達した町だ。約１３４万人がこの都市で暮らしている。町のメインストリートは「７月１８日大道（Av.18 de Julio）」。

街頭が灯る頃、モンテビデオ市民はショッピングやレストランでディナーをして、それぞれの夜を楽んだ。旧市街は石畳の道と植民地時代の建物が残り、どこか悲しく郷愁を帯び趣がある。しかし、それとは対照的にモンテビデオから東へ続く海岸には、ヨーロッパのリゾート地以上に豪華で明るい雰囲気が感じられた。

コラム　南米事情　チリ

南アメリカ大陸の太平洋側に面したチリは、南北の長さ４３２９㎞にたいし、東西幅は平均１７５㎞しかない細長い国だ。太平洋沿岸の北部は海岸砂漠地帯、南部は複雑に入り組んだフィヨルドを形成し、内陸側はアンデス山脈がボリビア、アルゼンチンとの国境となって横たわる。海と山に細く接するチリの特徴は、海岸線の町に立つとよくわかる。アタカマ砂漠は地下資源にめぐまれ、世界一の産出量を誇る銅をはじめ、鉄、モリブリデン、硝石などを産出する。中部は地中海性気候で、小麦やブドウが栽培され、人口大半が集中している。１６世紀半ばにスペイン領となり、１８１８年に独立した。１９７０~１９７３年までアジェンデ社会主義政権が続いたが、その後が９０年まではピノチェト軍事政権の時代となった。はるか沖合の太平洋上にあり、巨大な石像モアイで有名なイースター島はチリ領。

コラム　南米事情　ペルー共和国

南米西部の共和国。国土は太平洋岸に沿って南北に延び、幅16～130㎞の沿岸平野の東方をアンデス山脈が縦貫している。アンデス山脈の西斜面は標高2000m以上の高原で、国土の約30％を占め、東斜面は森林地帯で、アマゾン川流域の低地に続く。北部はエクアドル、コロンビア、東部はブラジル、ボリビアと、南部チリと国境を接し、ボリビア国境にチチカカ湖がある。気候は海岸平野が砂漠的、アンデスの高原地帯は寒冷乾燥、東部の森林地多湿。住民の半分近くが先住民のインディオで、メスティオ（インディオと白人の混血）4割を占める。漁業が盛んで、漁獲高では世界屈指。灌漑が発達し、サトウキビ、大麦、トウモロコシ、綿花、コーヒー、タバコなどを生産する。羊、アルパカ、ラマ、牛の畜産もある。鉄、亜鉛、銅、グアノ（肥料）、石油、バナジウムの鉱産があるが、工業は発展途上である。インカ帝国の故地で1533年スペインのピサロに征服された。

1545年ポトシ（現ボリビア領）で銀が発見され、ペルーからもインディオが労働力として徴発された。1824年完全独立を達成した。

コラム　南米事情　リマ

同国中部の港湾都市。太平洋に注ぐリマック川河口付近にある。首都リマの西方１２㎞に位置し、軍港、漁港でもある。ペルーの外国貿易のうち輸入の７５％輸出の２５％を扱う。鉄道起点で、リマ国際空港も当市にある。１５３７年創建。

政治・経済・文化の中心。アルマス広場を中心とする旧市街とサン・マルティン広場を中心とする新市外は対象的。郊外の新興住宅地に農村から流入する人びとが住みついていて〈バリアーダ〉と呼ばれるスラムが形勢されている。外港カヤオとは市街が連続。１５３５年ピサロの建設以来、スペイン植民地の首都。１８２１年ペルーが独立するとともに首都。歴史地区は１９８８年世界文化遺産に登録。

コラム　南米事情　カヤオ

ペルー中部の首都リマの外港都市。リマの西方１２㎞に位置し、軍港、漁港でもある。ペルーの外國貿易のうち輸入の７５％、輸出の２５％を扱う。中央鉄道の起点でリマ国際空港も当市にある。１５３７年創建。クスコ南米東部、同名県の県都。アンデス山脈中、標高３４５７ｍにあり、商業、観光都市。インカ帝国の都市で、１５３３年Ｆ・ピサロに征服され、新都市がインカ都市の上に建設されたため、市内に〈太陽神殿〉ヤサクサワマン城塞などの遺跡がみられる一方、アルマス広場を中心に植民地時代の建造物が多い。１９８３年世界文化遺産に登録。

コラム　南米事情　エクアドル共和国

南米北西部。中央部をアンデス山脈が南北に走り、コトパクシ山をはじめ火山がある。赤道直下にあり、国名はスペイン語赤道を意味するが、氷河をいただく高峰が多い。住民は標高２０００～３０００ｍの高原地帯に集中して住む。潅漑による農業が行われ、バナナ、カカオ、コーヒーが輸出されている。漁業も重要で、パナマ帽の特産のほか小規模の工業も行われ、銅、金、銀、鉛、亜鉛、石油などの資源があり、近年は石油が輸出額で第１位にある。１５世紀にインカ帝国の版図に入ったが、１５３４年インカ帝国はスペインに滅ぼされた。１８３０年グラン・コロンビア国の一部として独立、１９４１年ペルーとの国境紛争で大敗し、広大な領土を譲った。以後、何度か（最近では１９９５年）大規模な衝突が繰り返されてきた。１９４４年～１９６８年のベラスコによって長期政権をへて、１９７２年左翼的な軍事政権が成立するが、対米関係悪化などで行き詰まり、１９７８年民政移管された。１９９７年２月、政府の経済政策に講義するゼネストが行われ、国会はブカラン大統領を職務遂行能力がないとして罷免した。１９９８年１０月ブラジリア議定書によりペルーとの国境問題について合意が成立した。

コラム　ポリネシア

オセアニアの、ハワイ諸島、イースター島、ニュージーランドを頂点とする三角形に含まれる諸島からなる文化領域。名はギリシャ語で「多くの島々」の意。ほかにサモア、ソシエテ、トゥアモトゥ、トンガ、クックなどの諸島群を含む。火山島、サンゴ礁、環礁からなり、住民はポリネシア人。ポリネシア諸語、メラネシア諸語とともにアウストロネシア語族のオセアニア（東方）語派を形成する。北はハワイ諸島のハワイ語、南はニュージーランドのマオリ語、東はイースター島のラバヌイ語、その間の南太平洋に散財する島々の言語、サモア語、タヒチ語などを含み、ミクロネシアのヌクオロ、グリニジ両島言語もこれに属する。たがいに類縁性が高く、音韻構造も文法構造も一般に簡単である。

「仏領ポリネシア」は１９世紀末、大国間の領土争いに巻き込まれた。だが、フランスが支配していたタヒチだ。その正式名称は、その名残りといわれている。

帰国

日本・横浜

三月二五日（月）

朝、横浜港入港。

長い航海を終えて入港した横浜港。大桟橋に接岸すると、大阪から家族が迎えに来ていた。

ウシュアイア号の南極往来では、荒れるドレーク海峡を通過する際に船内で転倒、南米はガラパゴスでは不安定な溶岩の足場で踏み外し腰痛となった。日本に針路を向けた太平洋上で、マッサージを受けたが、なかなか治癒できるものではなかった。またクスコでは、高山病と肺気腫を併発し、家族に心配をかけた。

大桟橋では、積荷を下ろし、各人への宅配手続きが始まっている。千人分の旅装の荷下ろしは、体力と時間の勝負だ。そんな光景を見ながら、迎えに来てくれた家族を目にしたときは嬉しかった。満身創痍な体だったが、家族の姿を見て感謝と安堵をして、改めて長い航海の終わりを実感した。

旅の終わりに

済州石爺《トルハルバン》とモアイが似ている原因は？

イースター島のモアイ像を見て思わず済州石爺を思い浮かんだ。これまで済州石爺がいつから、またなぜ造られたのかは知らされていない。済州島自生説、モンゴル起源説、インドネシア起源説等が挙論されるだけであった。このたびの旅でにわかに石像群にたいするわたしの関心が高まる。

済州石爺（右）、ボリビアチワナク石像（中）、チリ西側のイースター島のモアイ石像（左）、海の道で2万5000㎞も離れたところの石像たちが不思議議と似ているという。

偶然なのか、はたまた誰かが文明を伝播した痕跡なのか、新大陸と旧大陸間文明伝播の痕跡はいたるところに発見されている。

文学評論家であり歴史旅行家であった権サムユン氏（故人）は、『月刊新東亜』2001年12月号に、自身の南米アンデス旅行記「アンデスの祝福　チチカカ湖で霊魂を洗う」を寄稿していた。彼はペルーのインカ遺跡地であるクスコとマ

チュピチュを旅行し後、ペルー側からチチカカ湖に沿いバスに乗ってボリビアに入境してテイアワナコ遺跡を訪ねる。この文章で彼は「ティアワコで出逢った一体の石像が済州石爺と似ている」と書いている。「エルフライレイレ」と呼ばれるこの彫刻像は済州石爺のように両手を前に合わせて、目にはゴーグルを掛けたような姿であった。ティアワナコはボリビアの首都ラパスから７２㎞離れた海抜３８５０ｍ高原地帯に位置している。ティアワナコにはインカ文明以前の紀元１５００年から紀元後１２００年まで文明が存続していたと伝えられている。常識的に判断すれば、この二つの彫刻像が似ている姿をしているのはまさに偶然である。

済州島とティアワナコは、およそ２万５千㎞離れている。それも陸路でなく海の道で。しかし万一この類似性が他の文化的伝播によるものであれば話は複雑になる。

誰かが海を通じて、かの二つの地域を往来したというのだが、率直に言って想像し難い仮定であるとした。もしも石爺がティアワコ石像と関連があるとすれば、それはインドネシア起源説と無関係でない。趙チョルス、ヒブリ大教授は２０００年１０月に寄稿した文章「メソポタニア神話は南方海上路を経て伝わった」でインドンネシアバリ島の石像が済州石爺と大変似ていると主張した。この主張を具体的に整理した人は漢洋大学名誉教授で考古学者の金ビョンだ。彼の本「金ビョンモ考古旅行」によれば石爺は赤道海流と黒潮海流に乗ってわが国に伝播した。インドネシアバリ島のベサキ寺院石像がその起源であるという。彼はまたイースター島のモアイ像との類似性も指摘しながら済州島を中心とする石像文化は環太平洋から東シナ海に連結される海洋文化が韓国に伝播した結果であると推定した。

１０日以内に１０００㎞の航海能力

新大陸と旧大陸間文物交流の痕跡はこれ以外にも多い。１５３２年スペインの征服者フランシスコ・ピサロがペルーに到着したとき、インカ文明の日常と宗教儀式で鶏は重要な役割をしていた。そうであればペルーの鶏はどこから来たのだろうか。

ニュージーランドオークランド大学で人類学を専攻したエリザベス博士は、チリで発見された鶏の骨の遺伝子形質調査を通じて、チリの鶏がポリネシアから移されたことを明らかにした。重要なことはこの時期がコロンブスの米大陸発見よりも１００年以上早かったという事実である。

サツマイモも同じである。ポリネシアにおいてサツマイモ（以下芋）は大変重要な作物である。１６世紀スペインとポルトガルの征服者たちがポリネシアに芋を伝播したというのがその間の定説であった。知られているように芋の原産地はアメリカだ。ところが中央ポリネシア・クック諸島の一つの島で、炭化した芋が発見されてから論争が起きた。当時発見された芋は分析の結果、紀元前１０００年頃のものと推測された。一体芋はどこらきたのか。いろいろな説があったが説得力がなかった。そのさなか芋が人によって運搬された可能性をうかがう端緒が現れた。言語学的推定である。ポリネシアでは芋を「クマ」と発音するが、これはペルー（ケチュ語方言）ないしエクアドル原住民が芋を呼ぶ言葉とまったく同じである。万一人が芋を移したのであれば、それは誰だろうか、実際に大洋航海にたけた民族はポリネシア人たちであった。彼らは１０００㎞の距離の大洋を１０日以内で航海する能力を持っていた。ポリネシア人たちはメラネシア（オーストラリア北東側南太平洋の島々）に紀元前２５００年頃に南太平洋のフィジー、サモア島に進出して、紀元前５００年前後にイースター島に定着したというのが学界の定説である。事実であればあらゆる作物の種や家畜まで積み運んだ文明の大移動であった。彼らが大変計画的に移動して幾つかの段階を徹底的に準備して安全な移動経路を選択した。計画的な移住であったはずだ。ところで南太平洋に散らばっている島々は距離が数百㎞も離れていて、それこそ茫々大海を航海しなければならなかった。彼らがこれといった観測器具もなしにどのようにして大洋航海をしたのかはありのまま知らされていないが、学者たちは彼らが季節に従って星座の変化をほぼ完璧に暗記していたと推定している。おしむらくは当時人々の航海証拠は現在存在しない。ただ誰かが大洋を行き来して芋や鶏を運んだとすれば、それは彼らポリネシア人であった可能性が非常に高い。

最近の遺伝子的調査によればポリネシアたちの祖先はインドネシア人だ。ゆえに紀元前八千年以前に誰かが、新大陸と旧大陸を連結する文明伝播に関与した人はインドネシア人である可能性が高い。

あとがき

思えば、私の海のシルクロードの旅は、ピースボート第４９回（２００５年）では北半球を、今回の第７８回（２０１２年）では南半球を回り地球一周の船旅をした。

延べ日数は２００日余りである。

その間、南シナ海、インド洋、地中海、大西洋、太平洋の大海原を乗り超えて世界のそれぞれの大陸、国や数々の都市を巡って見てきたことは感慨深いものがある。

だが地球は広い。残念ながら私が訪れたところは、まだほんの一部にすぎない。

いつもそうだがある大きな旅から帰ってくると、必ず多くの人に「何処が良かったか」と質問される。

家族も知人も口をそろえて質問してくる。これは、旅から帰って来たときの恒例行事みたいなものだ。

帰国早々は、不思議とすんなりと答えられない。やはり、自分自身でも、長旅を反芻する時間が必要なんだろうと思う。

ある程度時間が経ち、自分の中で体験した一つひとつが整理されてくると、印象深い出来事が明確になってくる。

これも、毎回不思議に思うことだ。

今回、まずアフリカでは喜望峰が思い浮かぶ。大きなオットセイやペンギンがざっと見て千頭以上いると思われる、海辺の岩礁や島に張り巡っている。

南極やガラパゴスよりも、ここのペンギンやオットセイが最も大きい。でも、それだけが理由ではない。いままで見たことがない空と海が描く水平線だった。あまりにも素晴らしいものだった。広々としたエメラルドグリーンの水面、真っ青な空に囲まれた時の感動は心に刻まれていた。

次に南米のイグアスの滝だろう。熱帯雨林の豊富な水量、自然が創り出した起伏…それらが滝として眼前に広がる。すさまじい轟音とともに現すイグアスの滝は圧巻だった。

そして南極。地球上で、最も世俗から離れている場所だと思う。幸運にも、南極の天候は穏やかで小春日和の中で訪れることができた。音がほとんどしない場所であった。真っ青な空に太陽の光、白い氷の世界の住民はペンギンたち。人間は、各国の探検隊を別として、ポートロックロイ島の南極郵便局で働くイギリス人の乙女４人だけだと思う。南極の面積は１２００万平方キロメートルであるので、日本の約３３倍もの広さのところに４人の女性だけが住んでいることになる。ああ！　寒い！　寒い！

この南極が、今回の旅の最も意義深い場所だった。思えば、荒ぶるドレーク海峡は、あたかも万里の長城の様に、南極を守り厳しく警戒しているのかもしれない。その城壁の様な往来多難なドレーク海峡を越えて南極へ行けたことを感激している。

私の年齢や体力から推して、再び訪れるのは難しいだろう。南極を離れる時は、しっかり永遠のお別れをしてきた。

そして、『月刊新東亜』２０１３年１０月号の「紀元前1万年、だれが海を征服したのか」というタイトルの済州島石爺とモアイ石像の近似点に着目した記事を思い出し、謎説きをしたくなった。

イースター島で、モアイ像を初めて見て感動したが、同時にこの古代文明を象徴する石造文化が、このひとつの小さな島の独自の文化をもって自らの造型ができるだろうかという疑問が自然と浮かんでいた。この記事はその謎に対する明解な回答となった。

すでに8千年前に古代の壮大な海のシルクロードを新大陸と旧大陸間の文明伝播の痕跡、古代その昔、海を通じて全世界に文明を伝播したかれらは航海術に長けた南太平洋のポリネシア人だと推測されたことは、はなはだ驚くと同時に強い感動を禁じえない。

なおマダガスカル会の友人たち、各ルートの写真をそれぞれ提供していただいた今井清弘氏に、美しい水彩画と写真を提供していただいた長い旅仲間の西川考臣氏に心からなる感謝します。なお作図の張裕美氏にお礼申し上げます。今回、本書出版にあたって、編集された安齋利晃氏、発行をされた雄山閣の皆様へ御礼を申し上げます。

最後に1995年の私的楼蘭探査隊の旅を皮切りに約17年間、天山の北部、南部タクラマカン砂漠のシルクロードや幾多のルートを寝食共にしながら旅をした。

第49回ピースボード北半球まわりのクルージングも共に旅をした、忘れがたき友、故原田甚逸氏にこの本を捧げたいと思う。彼は浄土で破顔して本書を読んでくれるだろう。

【著者略歴】

張 允植（チャン　ユンシク）

1936年　大阪生まれ

1962年　立命館大学経済学部卒業

現　在　会社役員　東大阪市在住

著　書『ロブ・ノール旅遊吟　古代シルクロードをいく』（1996年・海風社）
『古代シルクロードと朝鮮』　（2004年・雄山閣）
『海のシルクロードとコリア』（2010年・雄山閣）

【写真・画】

写真・画　西川孝臣（カバー、扉、中面）

写　　真　今井清弘（喜望峰を船上から望む。p52-54/p58-68）

平成26年9月25日 初版発行　　《検印省略》

南回りのシルクロード―世界を巡り、見た、考えた―

著　者　張 允植

発行者　宮田哲男

発行所　株式会社 雄山閣

〒102-0071　東京都千代田区富士見２－６－９
電話 03-3262-3231㈹　FAX 03-3262-6938
http://www.yuzankaku.co.jp
E-mail　info@yuzankaku.co.jp

振替：00130-5-1685

印刷／製本 株式会社ティーケー出版印刷

ISBN978-4-639-02331-9　C0026
N.D.C.302　128p　22cm

シルクロード。
その交易路の存在意義を再考する。

定価（本体 3,500 円 + 税）
255p/A5 判
上製・カバー
ISBN コード 9784639018322

朝鮮半島とシルクロードの関わり、
造船技術と航海術が進歩し形成されていった「海のシルクロード」を追う。

第１章　古地図に見る世界とコリア
第２章　海のシルクロードとコリア
第３章　中国海運を主導した在唐新羅人たち
第４章　在唐新羅人航海寺刹と八～九世紀東アジアの三大貿易港
第５章　在唐新羅人の対日貿易二百年史
第６章　張保皐の本国進出と被殺
第７章　コリアを創建した王建─在唐新羅人の後裔
第８章　沸流百済と廣開土大王碑文そして応神亡命
第９章　航海日記─古代シルクロードをたどる

定価（本体 3800 円 + 税）
336p/A5 判
上製・カバー
ISBN コード 9784639021346